ERRET - 1971

Docteur Antoine MOLLIÈRE

Une Famille médicale lyonnaise au XVIIe siècle

Charles et Jacob Spon

LYON

A. REY, IMPRIMEUR-ÉDITEUR DE L'UNIVERSITÉ

4, RUE GENTIL, 4

1905

UNE

FAMILLE MÉDICALE LYONNAISE

AU XVIIe SIÈCLE

CHARLES ET JACOB SPON

UNE

FAMILLE MÉDICALE LYONNAISE

AU XVIIe SIÈCLE

CHARLES ET JACOB SPON

PAR

Le Docteur Antoine MOLLIÈRE

Ex-Interne suppléant des Hôpitaux.

LYON

A. REY & Cie, IMPRIMEURS-ÉDITEURS DE L'UNIVERSITÉ

4, RUE GENTIL, 4

1905

Nous dédions ces modestes pages à la mémoire de Daniel et d'Humbert Mollière, à notre oncle le Dr Servier et à tous ceux qui ont bien voulu s'intéresser à nos études médicales.

Nous remercions particulièrement MM. les Drs Aubert, Garel et Robin dont nous avons pu apprécier le dévouement dans de bien tristes circonstances, M. le professeur Jaboulay qui a guidé nos premières études médicales et MM. Gangolphe, Commandeur, Leclerc, Lyonnet, Vallas et Mollard qui furent nos maîtres dans les hôpitaux.

M. le professeur Lacassagne nous a donné de nombreuses marques d'intérêt. Il nous a indiqué le sujet de notre thèse et en accepte aujourd'hui la présidence. Nous lui en sommes profondément reconnaissant.

M. le professeur Florence nous a donné, au cours de ce travail, de précieuses indications. Nous ne saurions oublier avec quelle amabilité il nous a fait profiter de ses connaissances archéologiques.

Merci enfin au Dr Edmond Locard et à notre excellant ami de collège, le Dr Henri Molin.

UNE

FAMILLE MÉDICALE LYONNAISE

AU XVIIe SIÈCLE

CHARLES ET JACOB SPON

INTRODUCTION

Les différentes races qui se sont implantées sur le territoire de Lugdunum, soit par les armes, soit pour des raisons commerciales, ont contribué chacune, pour une part plus ou moins grande, à développer chez les habitants de cette ville un goût prononcé pour les sciences en général et pour la médecine en particulier. Tout en reconnaissant que les Gaulois nous ont laissé fort peu de témoignages de leur savoir touchant l'art de guérir, nous devons convenir cependant que les druides étaient quelque peu médecins chez les Ségusiaves comme chez les autres peuplades de la Gaule. Leur médecine, uniquement basée sur des pratiques religieuses, se fit plus scientifique lors de l'invasion romaine. Chez les Romains, comme l'a discuté Spon, comme l'a plus récemment affirmé M. Connyers Middleton, la médecine était surtout exercée par des affranchis. Parmi eux, certains furent célèbres, tels que Cletius Abascantus auquel Galien lui-même emprunta quelques formules et, dans ses *Inscriptions antiques de Lyon*, M. de Boissieu nous reproduit encore les inscriptions consacrées à Ufadius Sextus ou mieux Sexti liberus, à Bononius Gordus, médecin de la 13e cohorte, et, enfin, aux oculistes Herpidius Polytimus et Caius Cintisminus Blandus, célèbres par leur collyres.

Le même ouvrage contient un long paragraphe nous prouvant que les femmes ont exercé la médecine dans la Gaule Romaine et qu'elles appartenaient, elles aussi, à la classe des affranchis comme nous le montre l'inscription de *Minucia-Caiæ liberta arte medica.*

Or, comme ce fut dans le rang des affranchis que le christianisme trouva ses principaux adeptes, nous ne serons pas étonné de rencontrer pendant l'ère des persécutions un certain nombre de médecins, honorés depuis par l'Église comme martyrs, tel fut saint Alexandre. Mais à ces médecins romains se substituèrent petit à petit les Phocéens. Négociants pour la plupart, ils ont compris les avantages à retirer du commerce avec notre cité et avec eux, sont venus leurs guérisseurs, ceux-là même qui, après avoir triomphé à Rome des sarcasmes du vieux Caton, sont arrivés à faire partie du cortège des empereurs : tel fut, par exemple, Antonius Musa. Un autre peuple devait, après eux, apporter une médecine nouvelle, non plus philosophique ni traditionaliste cette fois, mais surtout basée sur l'empirisme. Avec les Arabes, la chiromancie, l'astrologie et autres sciences illusoires fleurissent dans notre cité et les envahisseurs qui, au point de vue ethnographique, ont laissé parmi nous des traces incontestables de leur passage, ont donné au caractère lyonnais cette tendance au mysticisme et cet amour du merveilleux qui contrastent si étrangement avec notre esprit sceptique et positif. « Lyon, dit M. Aynard, est la cité du rêve et du réel, de la folie soudaine et de la raison coutumière. »

Voici donc une population constituée par des individus de races diverses et chez qui la mentalité médicale s'est graduellement développée.

Maîtres momentanés de nos contrées, les Burgondes ont été trop peu nombreux et leur domination a été de trop courte durée pour qu'ils aient pu exercer une influence bien profonde. Quant aux Francs, ils se sont contentés, à l'instar de leurs prédécesseurs, de favoriser les sciences en général. Nous devons cependant une mention à Childebert et à Ultrogothe qui furent les fondateurs de l'Hôtel-Dieu[1]. Il est vrai que cet édifice était loin d'avoir acquis les proportions qu'il a atteintes aujourd'hui et que sa création ne rendit pas grand service à la science, à en croire M. Alexandre Jambon, auteur d'un article sur l'Hôtel-Dieu paru dans le *Lyon Ancien et Moderne*, de Boitel, 1843. « Pendant près de dix siècles, écrit-il, de 546 à 1543, nous ne trouvons rien à dire du service de médecine et de chirurgie établi dans le grand Hôtel-Dieu[2]. »

[1] *De Xenodochio quod piissimus rex Childebertus vel jugalis sua Ultrogothis regina, in Lugdunensi urbe inspirante domino condiderunt* (Concile d'Orléans, 549).

[2] Le grand Hôtel-Dien ne date que de l'établissement du pont de la Guillotière, c'est-à-dire de 1182. L'hôpital de Childebert était situé sur la Saône, place de la Douane.

Il ajoute que les archives hospitalières ont été détruites et que, du reste, elles eussent été inutiles, puisqu'il n'y avait comme malades à cette période que des lépreux et des pestiférés. Il nous parle du séjour de Rabelais qui, d'après lui, n'aurait pu se plier aux règles étroites imposées par l'administration. Il termine en faisant l'éloge de Pierre Tollet, agrégé au collège des médecins, qui fut le successeur direct du bon curé de Meudon.

Religieuse avec les druides, traditionaliste avec les Romains et avec les Grecs, empirique avec les Arabes, la médecine s'est développée à Lyon protégée par la domination bienveillante des rois Francs d'abord, des archevêques ensuite. Avec la guerre de Cent Ans, s'ouvre la période de la grande chirurgie et nous pouvons citer ici les noms de maître Aymeric, de maître Pierre de Bossicat, *alias* de Bonanto, de maître Odon qui était aussi distillateur et pharmacien et qui préparait pour son usage tous les médicaments qu'il administrait aux malades. Au-dessus de tous ces noms se place celui de Guy de Chauliac. Né dans le village de ce nom, aux environs de 1310, Guy de Chauliac fit ses études à Montpellier et vint exercer à Lyon jusqu'en 1342, époque à laquelle le pape Clément VI l'attacha à sa personne et l'emmena avec lui à Rome où il mourut en 1380. C'est lui qui fut pendant longtemps le principal guide des praticiens lyonnais et nombreux furent les abrégés et les traductions de ses œuvres qui parurent chez les libraires de notre ville, depuis les *Notabilia super Guidonem*, par Jean Falcon, Lyon, in-8°, 1559, jusqu'aux *Fleurs de Guidou corrigées et augmen-*

tées de la pratique de la chirurgie, Lyon, in-12, 1650, par Lazare Meyssonier.

Pendant le XVIe siècle viennent les guerres d'Italie qui nous apportent le mal français et les guerres de religion qui, par le nombre de blessures qu'elles occasionnent, obligent les Lyonnais à mettre à profit les enseignements de Guy de Chauliac. L'esprit pratique du Lyonnais s'accommode aisément du nouvel état de choses. L'Hôtel-Dieu encombré de blessés se développe, le collège des médecins commence à faire parler de lui. Du reste, il va bientôt recevoir parmi ses membres des Lyonnais de fraîche date, hier encore Allemands.

Les Allemands qui, pendant le XIVe et le XVe siècle, avaient commencé à fréquenter Lyon pour leur commerce, se trouvèrent à la fin du XVIe installés en grand nombre dans notre ville. Or, dès 1518, Luther avait commencé ses prédications dans leur pays, aussi rien d'étonnant qu'ils fussent, pour la plupart, zélés partisans (de la nouvelle religion, prétendue réformée) comme on disait alors. Leur qualité d'adeptes de cette nouvelle religion les obligea à chercher des alliances parmi les familles de leur patrie et à constituer une société ouverte seulement à leurs coreligionnaires français. Esprits avides de savoir, ils furent favorisés par l'état florissant de l'imprimerie à cette époque. M. Natalis Rondot, dans son ouvrage sur *les Graveurs et imprimeurs à Lyon au* XVe *siècle* nous cite un certain nombre de familles d'imprimeurs, en particulier la

[1] Natalis Rondot, *les Graveurs sur bois et les imprimeurs à Lyon au XVe siècle*, Lyon, Mougin-Rusand 1896.

famille Seignoret qui fut alliée aux Spon comme nous le verrons plus loin. D'autre part, ces Allemands avaient conservé des relations avec ceux des leurs qui étaient restés à Ulm, à Augsbourg, à Wittemberg, ils lisaient les ouvrages qui s'imprimaient dans ces villes, ouvrages étudiés aussitôt que parus, grâce à d'amicales correspondances ; ils se trouvaient ainsi poussés par leur goût naturel pour l'étude et par les facilités qui leur étaient données pour s'y livrer, vers les professions libérales et plus particulièrement vers la médecine.

C'est en médecine, en effet, que s'illustrèrent les Spon et les Pierre Massonneau. Il est juste d'ajouter avec M. Natalis Rondot que, vers 1660, on ne laissa plus aux protestants la même latitude. On commença à leur interdire d'enseigner publiquement et Rulhière ajoute même que le consulat avait cru devoir leur interdire tout ce qui touche à l'art de guérir. Cette mesure provoqua sans doute quelques conversions, celle de Lazare Meyssonier par exemple. Elle fut comme le prélude de la révocation de l'édit de Nantes. Il n'en n'est pas moins vrai que, depuis la promulgation de cet édit jusqu'en 1660, les médecins protestants ne furent pas plus inquiétés dans l'exercice de leur métier que dans celui de leur religion. C'est dans cette période d'accalmie et de tolérance que vécurent en partie les deux Spon. Charles et Jacob virent tous deux les mauvais jours, pour ceux de leur religion ; mais de puissantes protections leur évitèrent bien des ennuis. Le

[1] Natalis Rondot, *les Protestants à Lyon*, Lyon, Mougin-Rusand, 1891.

premier eut le bonheur de mourir dans sa ville natale après une heureuse vieillesse ; le second, au contraire, succomba dans un exil volontaire où l'entraîna son ami Dufour, mais dont, quoi qu'on en ait dit, aucun décret ne l'obligeait à prendre le chemin.

GÉNÉALOGIE DE LA FAMILLE SPON

Les Spon étaient originaires de la ville d'Ulm, en Wurtemberg, où ils n'ont du reste, à l'heure actuelle, aucune descendance. Pour ce qui concerne la branche lyonnaise, la seule que nous ayons à étudier, nous savons que Mathieu Spon, marchand, après avoir séjourné quelque temps à Genève pour le négoce, y épousa, en 1546, Pernette Lullin-Pollier, d'une ancienne famille genevoise, et vint s'établir à Lyon vers 1551. Il y mourut quatre ans après, laissant trois enfants : une fille qui épousa un marchand allemand (nous n'avons pu retrouver son nom) et deux fils : Charles et Mathieu. Ce marchand s'occupa avec beaucoup de sollicitude des intérêts de ses jeunes beaux-frères, si nous en croyons M. Péricaud. Voici, en effet, ce que nous lisons dans ses *Notes destinées à servir à l'histoire de Lyon :* « 1589, 2 septembre : Sur la requête d'un marchand allemand, gendre de feu Mathieu Spon aussi Allemand, à ce qu'il plaise au consulat de laisser jouir les enfants et héritiers dudit Spon encore qu'ils soient originaires de cette ville, des privilèges accordés aux marchands des villes impériales d'Allemagne par les rois de France et, à cet effet, que les enfants dudit Spon soient rayés des rôles de l'emprunt qui se fait sur quelques habitants de cette ville. Le consulat arrête que l'on remettra au procureur général de Rubys lesdits privilèges pour y faire droit. »

Des deux frères Spon, Charles quitte Lyon de bonne heure, mais nous verrons son fils appelé Charles également revenir dans notre ville en qualité de théologien. Quant à Mathieu II Spon, il épousa Claude Judith Bernard Lyonnaise et mourut en 1632. Il a laissé six enfants : Marguerite 1601, Mathieu III 1604, Anne 1607, Marie 1608, Charles 1609, Paul 1611. De ces six enfants, Charles seul nous intéresse. Nous croyons néanmoins utile de reproduire ici le tableau généalogique de la famille Spon, tel que nous avons pu le constituer d'après les archives municipales.

En lisant ce tableau généalogique, nous sommes frappé par ce fait que d'une aussi nombreuse famille, il n'est demeuré aucun membre à Lyon. Si nous prenons la branche de Mathieu II, nous voyons qu'il reste un seul enfant, Paul. Celui-ci, de par sa qualité de dernier né, va se voir obligé de retourner en Allemagne. Nous ne connaissons pas la date exacte du décès de Henri et de Jean-Jacques, mais tout porte à croire qu'ils revinrent aussi dans leurs pays d'origine. Quant à Jacob Spon, nous savons qu'il ne s'est point marié et n'a pas laissé de descendants. Sa correspondance et divers papiers le concernant ont été emportés par lui à Vevay et perdus au cours du voyage comme nous le verrons plus loin.

L'effrayante mortalité qui a sévi sur la famille de Charles Spon n'est pas sans nous étonner quelque peu.

Mathieu I Spon, épouse à Genève Pernette Lullin-Pollier se fixe à Lyon en 1551.

- Mathieu II, né à Lyon, mort en 1632, épouse Judith Bernard.
  - Marguerite, 1601.
  - Mathieu III, 1604 † Clermonde Gras, 1631:
    - Clermonde, 1645-45.
    - Henri, 1636.
    - Marie, 1638.
    - César, 1641-47.
  - Charles, 1609-84. Marie Seignoret.
    - Mathieu, 1644-57.
    - Charles, 1645-46.
    - Jacob, 1647-85.
    - Marie, 1648-73, épouse Jean Cabrier.
    - Suzanne, 1649-79.
    - Jean-Jacques, 1650.
    - Charlotte, 1653-53.
    - Françoise, 1654.
    - Marie-Anne, 1655-62
    - Dorothée, 1657-58.
    - Charles, 1659-59.
    - Charles, 1663-63.
  - Anne, 1607, mariée en 1629.
  - Marie, 1608, mariée en 1628 à Jacob André.
  - Paul, 1611.
- Charles.
- Anne.

Cinq de ses enfants périssent entre six mois et deux ans, quelle est l'affection qui les emporte? C'est ce qu'il est impossible de préciser. Cependant tous ces décès peuvent être mis sur le compte de deux sortes de maladies : la dysenterie ou la tuberculose.

Nous savons que dès le XVIe siècle régnait à Lyon un flux dysentérique dont le médecin Delamonière nous a laissé une description (Delamonière Joannès, *Observatio fluxus dysenterici, Lugduni Gallo populariter grassantis anno Domini 1625 et remediorum illi utilium*, in-12, Lugduni, 1626). Il est à croire que les remèdes préconisés par ce médecin n'eurent guère de succès puisque en 1669 et 1670 la maladie sévissait encore avec violence.

M. l'abbé Vanel raconte que des confréries furent organisées en vue de demander à Dieu la cessation du fléau. « La plus ancienne et non la moins intéressante est celle des enfants de la ville, appelée aussi celle du royaume de Notre Dame d'Août, parce que sa fête patronale était l'assomption de la Sainte-Vierge. Il est difficile de préciser à quelle époque elle avait été primitivement établie. L'acte consulaire qui de l'église de Fourvière, où elle avait son premier siège, la transféra aux Minimes, est du 5 juin 1577. Le motif de son institution fut une affreuse épidémie qui enlevait tous les enfants en bas âge et menaçait d'éteindre les plus nombreuses familles.

« Une cause à peu près identique décida l'établissement de la seconde confrérie nommée de la Santé. Elle fut fondée le 1er octobre 1628 au moment où la ville était depuis deux mois affligée d'une violente peste. On n'hésitait pas alors à regarder un tel fléau comme un châtiment envoyé par la Providence ; en même temps que des précautions étaient prises pour conjurer et atténuer ses ravages, la multitude avait recours à la prière, comme le plus sûr moyen de l'arrêter en fléchissant la colère de Dieu. » (Vanel, *Histoire du couvent des Minimes de Lyon*, Lyon, Briday, in-8°, 1879.)

Une autre maladie permettant d'expliquer les nombreux décès survenus dans la famille de Charles Spon, c'est la tuberculose. Jacob Spon, nous le verrons, était tuberculeux, il est mort vraisemblablement de phtisie pulmonaire. Il serait bien étonnant que tous ses frères aient échappé à « la grande faucheuse ». La granulie qui, d'après Descroizilles, serait la forme la plus fréquente de la tuberculose infantile, tue assez tôt et assez vite pour « éteindre les plus nombreuses familles », suivant l'expression de M. Vanel.

Dysenterie ou tuberculose, telles sont donc les causes probables de la mort des enfants Spon, nous disons probables, car rien ne nous autorise à donner la préférence à l'une ou à l'autre des deux hypothèses sus-énoncées.

En revanche, nous pouvons expliquer la vocation médicale de Charles Spon par sa position de cadet qui l'obligeait à laisser à son aîné la gestion du commerce paternel. Il était naturel qu'il se tournât vers une profession qui lui permettait de rester à Lyon et d'y occuper une position honorable. Brossette, dans son *Nouvel éloge de la ville de Lyon*, Lyon, chez J.-B. Cirin, 1711, dit que les médecins et avocats de Lyon pouvaient porter l'épée et prendre la qualité de nobles. La lettre XIX écrite par lui à Boileau roule également sur ce sujet et nous montrerons plus loin une gravure représentant Jacob Spon copiant une inscription. Il a l'épée au côté et porte le costume de gentilhomme.

VIE DE CHARLES SPON

Troisième fils de Mathieu Spon et de Judith Bernard, son épouse, Charles Spon naquit à Lyon le 25 décembre 1609, rue de la Poulaillerie, où se trouvait alors la boutique de son père. Nous n'avons pas de renseignement précis sur son éducation première ni sur le genre de vie qu'il mena jusqu'en 1620. A cette époque, il fut envoyé à Ulm, chez son oncle, Charles Spon. Ses biographes assurent qu'il était particulièrement porté vers la poésie latine et que ses professeurs pouvaient déjà deviner en lui l'ingénieux versificateur de la « Myologia heroïco carmine expressa ». L'usage de la langue française et aussi le milieu plutôt intellectuel dans lequel il avait passé son enfance avaient sans doute contribué à lui donner pour l'étude du latin cette facilité qui étonnait ses maîtres et décourageait, paraît-il, ses condisciples. Quoi qu'il en soit, il conserva toute sa vie ses heureuses dispositions et le médecin se doubla chez lui d'un latiniste distingué.

Il ne resta pas très longtemps à Ulm et, dès 1625, nous le rencontrons à Paris, disciple du philosophe Rodon, qu'il abandonna en 1627, pour aller étudier la physique au collège de Lizieux. Dans ce collège, dirigé par le célèbre Guillaume Mazure, on apprenait, sous le nom de physique, les sciences physiques et naturelles en général. Toutes proportions gardées, le cycle des études était donc à l'époque de Spon sensiblement le même qu'aujourd'hui. Etude du latin et des lettres, étude de la philosophie, étude enfin des sciences physiques, et après lesquelles seulement on pouvait étudier la médecine avec fruit.

Spon resta à Paris jusqu'en 1632. Il eut la bonne fortune d'avoir à cette époque des maîtres éminents. Il se lia surtout avec Cousinot qui venait d'exprimer son opinion sur les deux grandes médications de l'époque, la diète et la saignée, dans les deux ouvrages suivants : *Non ergo phlebotomia die critico crisin imminentem remoratur*, Paris, in-4°, 1623, et *Ergo dieta plenior securior*, Paris, in 4°, 1624.

Cette amitié lui fut profitable : Cousinot, devenu premier médecin de Louis XIV, fit obtenir plus tard à son ancien élève des lettres de médecin du roi par quartier. Parmi ceux qui enseignaient à Paris, nous citerons encore Pyart, Merlet, Perreau et Charpentier.

En 1632, Ch. Spon est à Montpellier, où il se lie d'amitié avec Courtaud, le futur adversaire de Guy Patin ; avec lui, il admet les théories de Hervey et, après avoir pris au bout de quelques mois le bonnet de docteur, il revient à Lyon, mais, comme nous allons le voir, il n'exerça pas immédiatement.

Le double séjour qu'il avait fait à Paris et à Montpellier lui avait démontré la rivalité qui existait alors entre ces deux Facultés, aussi bien entre les théories enseignées qu'entre ceux qui les soutenaient. Cette rivalité qui s'est maintenue jusqu'à la fin du siècle dernier, n'a pas peu contribué à donner aux médecins lyonnais une sage réserve et un scepticisme prudent. Le plus grand nombre d'entre eux allaient jadis comme Charles Spon étudier à Paris, mais, on ne sait pourquoi, c'est à Montpellier que revenait l'avantage de les consacrer docteurs et, les vieux ouvrages portent plus souvent au-dessous du nom de l'auteur la mention D. M. M. que les mentions D. M. P.

Si la ville de Lyon ne possédait pas d'Université en 1632, elle était dotée en revanche d'un collège de médecins dont la réputation datait déjà de longues années. Nous aurons des détails sur sa constitution en consultant l'ouvrage de Brossette, intitulé : *Nouvel éloge de la ville de Lyon*, 1711. « Le collège de médecine de Lyon est illustre, non seulement par son ancienneté, mais encore par plusieurs savants médecins qui y ont été agrégés, parmi lesquels, sans parler d'Abascantus, loué par Galien et par Andromaque, on a distingué dans ces derniers siècles : Guy de Chauliac, Simon de Renodis ou de Pavie, François Rabelais, Henri Corneille Agrippa, Michel Nostradamus, Joseph Duchesne, connu sous le nom de Quercetan Jacques Daléchamp, Charles et Jacob Spon et plusieurs autres.

« Les médecins qui veulent être agrégés à ce collège, doivent donner des preuves de leurs capacités par des examens publics qui se font avec beaucoup d'exactitude et de sévérité, de sorte qu'il arrive souvent que l'on refuse la qualité d'agrégé à ceux qui avaient déjà reçu dans les Universités celle de docteur. Les médecins de Lyon prennent le titre de professeurs, parce qu'ils font des cours publics d'anatomie, de chirurgie et de pharmacie. Nous avons même plusieurs excellents ouvrages composés tant sur la médecine que sur divers autres sujets par les médecins agrégés de Lyon. »

En réalité, le collège des médecins n'est pas aussi ancien que le prétend Brossette. C'est à Symphorien Champier que serait due sa fondation. Il fit en effet tous ses efforts pour jeter les bases d'une association médicale, association qui se forma seulement quelques années après sa mort, vers 1540. C'était alors, nous dit le P. de Colonia, « une Académie savante qui avait ses lois ; mais qui n'était point encore érigée en collège parce qu'elle n'était pas marquée du sceau de l'autorité royale ».

En 1576, le collège de médecine est érigé par Henri III et ses statuts confirmés en 1577. Il est composé alors de 10 membres et siège à l'Hôtel-Dieu : Jacques Pons, doyen, Isaac Connau, Laurent Faye, Louis Thorel, Ange Fournier, Jean Marquis, Laurent Richard, Pancrace Marcellin, Jerémie Lagnier, Michel Ribier. En 1600, le collège fait vérifier ses statuts au parlement de Paris et porte à 20 le nombre de ses membres. En 1791, il comprend 31 membres ; il est dissous par décret en 1792, et remplacé quelques mois plus tard par la Société des amis médecins, devenue en 1794 la Société de santé.

M. le Dr E. Poncet nous dit que le collège des médecins eut deux sceaux.

Le premier signalé par Lazare Meyssonnier en 1644 porte « les armes de la ville surmontées d'un bras dont la main empoigne un livre fermé ».

Le second représente un lion assis de face, tenant un écusson contourné sur lequel on voit un serpent et un coq affrontés. Derrière le lion, une bandelette avec ces mots *et vigil et prudens.*

Mais pour être agrégé au collège des médecins, il ne suffisait pas de passer des examens, il fallait en outre justifier de deux années consacrées à l'exercice de la médecine dans un village voisin de Lyon. Cette condition, qui semble de prime abord étrange, était cependant fort raisonnable et le profit retiré par le jeune médecin qui remplace un confrère à la campagne nous démontre assurément le bien fondé de cette mesure. Charles Spon se soumit donc à la règle commune et ce fut à « Pont-de-Vesle » ou Pont-de-Veyle, petit bourg situé à une lieue de Mâcon, qu'il eut à mettre en œuvre ses talents de praticien. Nous regretterons qu'il n'en ait pas profité pour nous laisser une étude des eaux minérales de ce pays et particulièrement de la source ferrugineuse Saint-Jean, source dont les propriétés furent vantées par Maret en 1779.

En juillet 1635 Charles Spon est de retour à Lyon et, le 7 août de la même année, il est jugé digne d'entrer dans la docte assemblée. L'ouvrage de Chappuzeau, *Lyon dans son lustre*, 1656, nous indique quels étaient à cette époque les membres du collège des médecins de Lyon.

Les voici avec leurs principaux ouvrages :

Claude Pons, de Lyon, doyen du collège et médecin de l'Hôtel-Dieu, neveu de Jacques Pons, conseiller et médecin ordinaire du roi. Claude Pons écrivit en 1600 un *Traité de la préférence de la thériaque de Rome et de Venise sur celle de Lyon*, fondé sur la comparaison des vipères romaines et des herbes candiottes avec celles de la province Lyonnaise. On a aussi de lui un *Sommaire traité des melons contenant la nature et l'usage d'iceux avec les incommodités qui en reviennent*, Lyon, Jean de Tournes, 1583, in-8°.

Jean de Rhodes, d'Avignon, auteur d'un *Traité sur les eaux chaudes minérales artificielles*, in-8°, Lyon 1689.

Louis de Serre, de Noyon en Dauphiné, qui écrivit sur la stérilité des femmes, traduisit la pharmacopée de Renon et fit des notes sur Avega. Il avait avec lui son fils qui portait aussi le nom de Louis.

Henri Gras de Lyon qui publia les œuvres de son maître Vérendal avec des additions, et les *Opuscula medica* de François Ranchia, Lyon, in-4°.

Pierre Guillemin, de Lyon, conseiller, médecin du roi.

Antoine Robert, de Tournon, conseiller médecin du roi.

Jean Balcet, prêtre médecin et habile controversiste qui publia des notes sur les œuvres de Perdulcis et y ajoute un traité *De morbis animi*. Le public lui est redevable d'une belle édition de la pharmacopée de Bauderon. Nous avons de lui une apologie de la messe et quelques ouvrages sur la religion.

Jean Léal, d'Embrun, médecin du Grand Hôtel-Dieu.

Guillaume Sauvageon, de Nevers, annotateur de Perdulcis et de la pharmacopée de Bauderon.

Charles Spon, conseiller, médecin du roi.

André Falconet, conseiller médecin du roi, médecin de la santé.

Lazare Meyssonier, conseiller, médecin du roi. Nous reviendrons plus loin sur ces deux médecins.

Jean Gimel, de Lyon.

Jean-Claude Marcellin, de Lyon, fils de Pancrace qui publia un *Traité sur la peste*.

Gille Boni, de Lyon.

François Picoté de Belestre, d'Orléans.

Pierre Potot, de Lyon, médecin de la Charité [1].

Jean de la Monière ou Delamonière, de Lyon.

Nous avons déjà signalé son *Traité sur le flux dysentérique*. Il publia aussi un *Traité sur la peste* chez Claude Cayne, Lyon, 1608, et a laissé quelques manuscrits.

Pierre Barra [2], de Lyon, qui composa un ouvrage sur l'*Abus de l'antimoine*, un autre sur l'*Usage de la glace*, et un troisième, *De veris terminis partûs humani*.

Claude Stouppe, de Lyon.

C'est à partir de son entrée au collège des médecins de Lyon que Charles Spon commença sa véritable carrière. Favorisé par une nombreuse clientèle dont il fit bénéficier plus tard son fils Jacob et un de ses neveux nommé Charles comme lui, il reçut en 1645 les lettres de médecin du roi par quartiers. Cette distinction, plus hono-

[1] Son fils, J.-B. Potot, fut l'auteur d'ouvrages dramatiques restés inédits et d'une traduction également inédite du *Zodiaque de Palingène*.

[2] Barra, *Sur l'usage de la glace, de la neige et du froid*, Lyon, Antoine Cellier, in-12, 1676.

rifique assurément que profitable, lui fut accordée par l'entremise de son ancien maître Cousinot.

Cependant, le soin des malades n'absorbait pas tellement son temps qu'il ne trouvât chaque jour quelques heures à consacrer, soit à sa correspondance, soit à l'impression des livres qui voyaient le jour à Lyon. Il exerça, ainsi comme bibliophile, une influence considérable sur laquelle nous aurons à revenir au cours de cette étude.

Le certificat de bourgeoisie que lui délivra le consulat au commencement de 1639, contribua encore à augmenter sa notoriété et à faciliter ses relations avec les célébrités de son temps. Nous mentionnerons surtout l'amitié qui l'unissait à Guy Patin. C'est par l'intermédiaire de ce dernier qu'il nous est possible de pénétrer quelque peu dans l'intimité de Charles Spon. M. le professeur Bertrand, dans son intéressant ouvrage intitulé : *Mes vieux médecins*, nous montre en effet Guy Patin « demandant le livre de Spon qui se fait attendre et qu'il réclame avec une tendre obstination. Et comme il est heureux de faire un jour les honneurs de sa bibliothèque et de sa galerie à Mlle Spon, la meilleure femme de Lyon et la fidèle compagne du meilleur ami que j'aie au monde. » Le récit de cet événement fait par un homme qui n'est rien moins que naïf est d'une adorable naïveté : « Mon Dieu que c'est une digne femme et que vous êtes heureux d'en avoir une si parfaite et de si belle humeur. La mienne a plusieurs qualités fort bonnes, mais elle est parfois chagrine et cruelle aux

[1] V. Alexis Bertrand, *Mes vieux médecins*, in-12, Lyon, Storck, 1905, pages 145 et suivantes.

servantes. Vous avez été plus chanceux que beaucoup d'autres ; on voit que Dieu s'est mêlé de vos affaires. » Comme les petits cadeaux entretiennent l'amitié, il faut dire qu'il recevait quelquefois, par le même courrier des fromages de vache, envoyés par Mme Falconet, et des prunes de Brignoles, présent de Mme Spon, et de de lyriques pièces de vers composées à la mémoire de Naudé, et consciencieusement fabriquées par Spon lui-même.

Cette « demoiselle Spon » dont Guy Patin faisait un si grand état, était une demoiselle Marie Seignoret, d'une famille protestante depuis longtemps établie à Lyon. Un de ses frères était même pasteur de l'Eglise réformée. Elle fut mariée à Ch. Spon en 1643, et nous avons vu combien fut féconde leur union.

A partir de 1645, la vie de Spon s'écoule sans incident bien digne de remarque. Citons pourtant sa nomination au titre de « vice decanus et procurator inclyti collegii medicorum lugdunensium ». Le mot « vice » était là pour sauver les apparences. En sa qualité de protestant, Spon ne pouvait être doyen, il ne crut pas devoir payer le titre au prix d'une abjuration, mais du moins, remplit-il la fonction à la satisfaction de tous. Il existe même des lettres qui lui furent adressées avec la qualité de doyen.

Malgré tous ces honneurs, les dernières années de son existence se passèrent dans la tristesse. Il vit ses parents et ses amis d'Allemagne ruinés par la guerre, ses coreligionnaires de France de plus en plus étroitement surveillés, son fils, revenu d'un lointain voyage où il avait laissé sa santé et sa fortune. Toutes ces circonstances contribuèrent sans doute à hâter sa mort. Quelle est l'affection qui la détermina? C'est ce que nous ne saurions dire. Dans une lettre à l'abbé Nicaise,

Jacob Spon se borne à parler du décès de son père dans les termes suivants: « Il mourut universellement regretté des honnêtes gens et pleuré des pauvres à qui il ne refusa jamais ses soins. Malade depuis quatre mois, il ne s'alita cependant qu'au commencement de janvier. Dieu lui a conservé l'esprit fort libre jusqu'à son dernier soupir. »

C'est le 21 février 1684 qu'il mourut, ainsi que le montre l'acte suivant :

« 1684, n° 1797. Charles Spon, docteur-médecin, est décédé à Lyon le 21 février 1684 et a été enseveli le 22 dudit à l'hôpital du pont du Rhône, cimetière ordinaire de ceux de la religion réformée, en présence de MM. Brière, Seignoret et Louis Gérard. »

Quelques mois avant le décès de Charles Spon, le dessinateur Mathieu Ogier donnait de lui un portrait à l'eau-forte que nous reproduisons ici. Encadrant le portrait, sont écrits ces mots : *Carolus Sponius D M M collegii Lugdunensis patrio aggregatus, civis Tigur anno salutis 1684, ætatis suæ 75.*

Et, au-dessous, ces deux vers dus à Jacob Spon :

Hic numerosus olor defecta cantica voce
Personat ut studiis consulat iatricis.

La gravure est du reste médiocre, bien que Mathieu Ogier ait joui, de son temps, d'une grande réputation. Outre les portraits de Charles et de Jacob Spon, il a gravé celui de Guy Patin, de François de Sales et la plupart des planches contenues dans les *Recherches curieuses d'antiquités*. Mathieu Ogier, dont l'enseigne était « A bon Encontre », mourut le 6 décembre 1709 (voir Natalis Rondot, *les Graveurs d'estampes sur cuivre à Lyon au XVII*[e] *siècle*, Lyon, Mougin-Rusand, 1896.)

Nous venons d'esquisser la vie de Charles Spon en nous bornant à reproduire ce que nous savons de plus certain. Cette vie a-t-elle été inutile et la république des lettres ne lui est-elle redevable que « d'avoir mis au monde un fils aussi savant » ?

Nous allons voir, au contraire, que médecin compétent et instruit, Charles Spon a joué dans notre ville un rôle considérable par ses écrits, par sa correspondance et enfin par lui-même, c'est-à-dire par son caractère et ses qualités personnelles.

Les Œuvres de Charles Spon

Bien qu'il ait vécu surtout parmi les savants, parmi les commerçants et autres gens qui ne passent point pour être les favoris des Muses, Charles Spon conserva toute sa vie cette prédilection et cette facilité pour les vers latins qu'avaient admirées dans sa jeunesse ses maîtres allemands.

En 1656, il écrit en tête du *Lyon dans son lustre*, de Chappuzeau, le quatrain suivant :

Lugduni miranda stylo tam divite pangis,
Tanta ut materiæ par videat opus
Vix minor ergo tuis, debetur gloria chartis
Quam qualem augustum hoc possidet emporum.

Ce ne sont pas les seuls vers qui nous restent de lui. Dès 1636, il avait commencé à en composer pour rendre les maximes que l'on trouve dans les *Aphorismes d'Hippocrate ;* mais ayant appris que d'autres avaient eu la même idée, il eut la modestie de ne point vouloir publier son travail. En 1661, il traduisit en vers latins les *Prognostics* du même auteur et les publia en in-4° sous le titre de *Sybilla medica.*

Un autre ouvrage de Spon eut un certain succès, c'est *la Myologia heroico carmine expressa.* A l'exemple de Claude Bimet, Spon accomplit le tour de force de mettre en vers les insertions, rapports et fonctions de tous les muscles du corps humain. Cet ouvrage auquel il travailla toute sa vie et à la rédaction duquel la mort le surprit, n'eut sans doute jamais été imprimé si Jacob Spon ne l'avait généreusement donné à Leclerc et à Manget. Ces auteurs avaient recueilli divers traités de Bartholin, de Borelli, de Lyserius, de Simon Pauli et de bien d'autres encore, qu'ils avaient réunis sous le nom de bibliothèque anatomique. L'ensemble de ces ouvrages forme, en effet, un véritable traité d'anatomie, *Bibliotheca anatomica*, 2 vol. in-4°, Genève, Chonet et Ritter, 1699.

Le poème, si tant est qu'on puisse lui donner ce nom, est divisé en deux parties. La première, *Myologia heroico carmine expressa*, est une énumération en hexamètres de tous les muscles de l'homme. Le détail en est donné dans une seconde partie intitulée : *Musculorum microcosmi origo et insertio*, et divisée en vingt-trois chapitres. Là, Charles Spon abandonne l'hexamètre pour adopter le rythme de certaines odes d'Horace. Par exemple, dans cette description des muscles de la nuque :

Binis occipitalibus
Ansis quæ rapiunt auriculas retro
Ortum commodat occiput,
Ossis quà medium conspicitur latus,
Fines auriculæ accubant,
Imo ad frontis eunt usque lacertulos.

Plus intéressante encore est celle des muscles de l'avant-bras :

Est supinantum radios duplex pars

Longius necnon brevius duplexque
Diga pronantum puta tetragonus
Atque rotundus.
Musculus pronans radium rotundus
Condyli interni interiore ab ora
Brachii surgit mediaque radique
Parte quiescit.

Au XVIIe siècle, on le voit, des idées avaient déjà été émises sur la pronation et la supination, mouvements dont Farabeuf et Lecomte discutaient, il y a peu de temps encore, le mécanisme.

L'ouvrage se termine par un épilogue en vers également, que nous reproduisons ici :

Sic carceres sunt constituti musclis,
Sicque novissimi eis sunt attributi limites.
Rerum benigno sunt parenti gratiæ
Cœpta quod aureola dignatus est coronide
At nomini illustro fœtum hunc meum
Dedico, amabilius quo suppetit nullum mihi.
BELLAIE Pœon principissæ heroïdis,
Gloria summa chori per Gallias iatrici,
Saltem perenne ut pignus existat mei
Fidi animi metricus conatus erga te. Vale.

Ce BELLAIUS ou du Bellay était médecin du roi et de la princesse de Dombes. La dédicace n'arriva pas à son adresse, car il mourut avant Spon, les premiers jours de 1684.

Pour intéressante qu'elle soit, la *Myologia heroico carmine expressa* tient une place bien minime dans les deux volumes où Leclerc et Manget avaient condensé toute les connaissances anatomiques du XVIIe siècle. Il est même fort probable qu'éditée séparément elle aurait passé inaperçue. Nous devons regretter un autre livre où Charles Spon, sous le titre de *Recueil de constitutions médicales*, avait consigné les résultats de sa vie de praticien, soit au Pont-de-Veyle, soit à Lyon. Peut-être aurions-nous possédé là un véritable traité de médecine clinique, un guide consulté par les jeunes générations comme l'ont été plus tard Andral, Graves et Trousseau. Le manuscrit qui n'avait pas encore été publié à la mort de son auteur fut emporté par Jacob Spon et fut perdu comme furent perdues aussi toutes les lettres qui composaient les correspondances du père et du fils.

Charles Spon a donc véritablement joué de malheur avec ses ouvrages. L'un, la *Myologia*, passe inaperçu dans une publication beaucoup plus considérable; l'autre, le *Recueil de constitutions médicales*, est perdu probablement pour toujours. Il a, en revanche, rendu de grands services à la science en s'occupant de publier les ouvrages qui paraissaient à Lyon. L'amitié qui l'unissait aux principaux imprimeurs de Lyon lui permit de mettre au jour les lettres de Sennert, les observations de Schenkius et surtout les œuvres de Cardan.

Né à Grafenberg en 1530, Schenkius fut professeur à Fribourg après avoir résidé à Tubinge et à Strasbourg. Il mourut en 1598. Soucieux de publier ses observations anatomopathologiques et cliniques, il écrivit l'ouvrage dont le titre suit : παρατηρησεων « sive observationum medicarum rariorum libri VII, in quibus nova abdita, admirabilia, monstruosaque exempla, circa anatomen, ægritudinum causas, signa, eventus, curationes, à veteris recentioribusque sive medicis, sive aliis quibusque fide dignis scriptoribus, monumentis consignata, partim etiam ἀνεκδότοις non paucis per communes locus artificiose digesta proponuntur. Opus ut indefesso labore partum, ita inexhaustæ utilitatis ac voluptatis, omnibus scientiæ naturalis ac medicinæ cultoribus feracissimum. »

Ce recueil, édité d'abord à Bâle et à Fribourg en 1584 et 1597, comprenait 7 volumes in-8°. Il fut réimprimé en in-folio à Francfort en 1600, puis à Lyon même format, en 1644 par les soins de Charles Spon. Une dernière édition parut en 1665 à Francfort et toujours en in-folio. L'ouvrage a été mis à contribution par le fils de Schenkius dans sa *Biblia Iatrica*, in-8°, Francfort, 1809.

La publication des observations de Schenkius n'est pas la seule que nous devions à Charles Spon. Il a encore édité les ouvrages de Sennert. Cet auteur, qui a joui d'une renommée plus grande que le précédent, était né à Breslau en 1572, avait été reçu docteur à Wittemberg en 1602 et avait remplacé, dans la chaire de médecine de cette ville, le professeur Jessen qui s'était démis en sa faveur. On place la date de sa mort en 1637 et on l'attribue à la peste. Sennert est intéressant pour nous, parce qu'un grand nombre de ses ouvrages ont été imprimés à Lyon, il l'est aussi au point de vue historique proprement dit ; car il fut le premier à introduire la chimie dans les études médicales et à tenter de concilier les principes de Paracelse avec ceux de Galien. Voici la liste de ses ouvrages :

1° *Quæstionum medicarum controversarum liber.* Wittemberg, in-8°, 1609.

2° *Institutiones medicæ et de origine animarum in brutis* (ibid., in-4°, 1611);

3° *Epitome scientiæ naturalis* (ibid., in-8°, 1618);

4° *De febribus libri quatuor* (Wittemberg, 1619, Lyon, 1627, in-8°);

5° *De scorbuto tractatus* (Wittemberg, in-8°, 1264);

6° *De consensu et dissensu galenicorum et peripateticorum cum Chimicis* (ibid., 1629, in-4°);

7° *Praticæ medicæ liber primus* (ibid., 1628, in-4°, Lyon, 1628, in-8°);

8° *De occultis medicamentorum facultatibus* (Wittemberg, in-4°, 1630);

9° *Dissertatio de medicina universali et de auro potabili* (Wittemberg, in-4°, 1630);

10° *Tractus de arthritide* (ibid., in-4°, 1631);

11° *Epitome institutionum medicarum disputationibus XVIII comprehensa* (Wittemberg, 1631, Lyon, 1645, in-12);

12° *Epitome institutionum medicinæ et librorum de febribus* (Wittemberg, 1634, in-12);

13° *Tabulæ institutionum* (ibid., in-8°, 1635);

14° *Actuarium epitomes physicæ* (ibid., in-8°, 1635);

15° *Hypomnemata physica* (Francfort, in-8°, 1636);

16° *Paralipomena cum præmissa methoda discendi medicinam* (Wittemberg, in-4°, 1642; Lyon, 1643);

17° *Opera omnia* (Venise, in-folio, 1642; Paris, 1645; Venise, 1651; Lyon, 1650, 1666, 1676, chez Huguetan).

C'est ce dernier ouvrage qui a été publié par les

soins de Charles Spon (édition de 1650), trois volumes in-4°.

Le troisième auteur dont Charles Spon publia les œuvres fut Jérôme Cardan, dont Boerhaave devait dire quelques années plus tard : *Sapientior nemo ubi sapit, dementior nemo ubi errat.* Né à Pavie, en 1500, Cardan fut professeur de mathématiques à Milan et agrégé au collège de cette ville. Protégé par le pape Grégoire XIII, il fut professeur de médecine à Pavie, en 1640, puis à Rome, où il mourut, en 1576. Fort instruit, mais infatué des rêveries de l'astrologie et de la magie, Cardan a publié une foule d'opuscules. Ses *Opera omnia* formaient primitivement dix volumes qui avaient été édités à Genève en 1620, et à Rome quelques mois plus tard. L'édition lyonnaise publiée par Spon est de 1663, un seul volume in-4°, elle a pour titre : *Cardani Hieronymi Opera omnia, cura Caroli Sponii Lugduni sumptibus Joannis Antonii Huguetan et Marci Antonii* (Ravaud).

Jean-Antoine Huguetan, né d'une vieille famille d'imprimeurs dont l'enseigne était à la sphère, faisait partie avec Claude Prost, Pierre et Claude Rigaud frères et Jérôme de la Garde, de la *Societas bibliopolarum*, qui a édité un grand nombre d'ouvrages. Les Ravaud étaient associés aux Huguetan et avaient aussi la sphère pour marque. Jean Huguetan, le dernier de la famille, quitta la France à la révocation de l'édit de

[1] La première édition des œuvres de Cardan parue en France est intitulée : *Hieronymi Cardani, medici ac philosophi celeberrimi. De methodo medendi sectiones quatuor*, Parisiis, in ædibus Rovillii sub signo concordiæ, 1565.

Nantes, en même temps que Jacob Spon, mais, plus heureux que lui, il fit fortune et mourut seigneur de Suldesteen en Danemark, 1750.

Nous devons enfin signaler, comme étant dû à Charles Spon, un *appendice chimique à la pharmacopée de Lyon*. Publiée sous les auspices du Collège des Médecins, cette pharmacopée avait paru sans nom d'auteur en 1628. Elle eut une autre édition, en 1674, sous le titre suivant : *Pharmacopea Lugdunensis reformata mandato et cura inclyti collegii medicorum Lugdunensium (Lugduni Gallorum MDCLXXIV, ejusdem collegii sumptibus excusa, typis Jacobi Faeton.*

Voici comment était divisé l'ouvrage :

PARS PRIOR.

I. De simplicibus medicamentis officinalibus.
II. De nuncupationibus plura simplicia complectentibus nec non de ponderibus
III. De aquis decoctis, vinis, et acetis.
IV. De conditis conservis et robs.
V. De mellitis, tum succis, tum syrupis necnon de syrupis saccharatis.
VI. De speciebus aromaticis alterantibus et purgantibus.
VII. De trochiscis sive pastillis.
VIII. De opiatis necnon confectionibus cardiacis aliisque.
IX. De electuariis tam mollibus quam solidis necnon de tabellis alterantibus
X. De pilulis seu catapotus.

PARS POSTERIOR.

I. De oleis.
II. De unguentis.
III. De ceratis.
IV. De emplastris.

Appendix de medicamentis chymicis.

I. De spiritibus, oleis et oleosaccharis.
II. De tincturis, extractis et balsamis.
III. De salibus et magisteriis.
IV. De calcibus, crocis, floribus et præcipitatis.

C'est cet appendice chimique qui est dû à Charles Spon. Il existait, il est vrai, dans la précédente édition, mais composé de trois chapitres seulement et beaucoup plus courts. Le quatrième chapitre *De calcibus*, etc., appartient tout entier à Spon.

La publication de ces ouvrages fut pour Charles Spon le prétexte d'une longue correspondance, grâce à laquelle il usa sur ses contemporains d'une influence très marquée. Cette influence, nous nous réservons de la faire voir au chapitre suivant. Pour le moment, il nous semble important de signaler en lui l'esprit essentiellement pratique. Les sciences médicales sont à son époque en plein épanouissement. De l'important labeur des anciens est sorti un amas de connaissances, parmi lesquelles il faut trier ce qui est véritablement utile, élaguer de l'œuvre de Schenkins un certain nombre d'observations peu probantes ou incomplètes et passer sous silence les rêveries astrologiques dans lesquelles s'était complu Jérôme Cardan. De plus, l'anatomie est mieux connue, et partant plus difficile à posséder d'une façon complète. Charles Spon cherche à la mettre en vers pour la faire mieux retenir et, tout en faisant usage de la langue latine, arrive à être clair et précis là où Claude Bimet s'était montré diffus et obscur. On peut dire que l'unique but du savant lyonnais a été d'être utile à ceux qui étudiaient ou qui exerçaient la médecine. Il a voulu faciliter leurs travaux, moins pour ménager leur peine que pour économiser leur temps. Le temps ne devait-il pas sembler chose précieuse à celui qui nous offre l'exemple d'une existence si bien remplie?

Correspondance de Charles Spon.
Influence qu'il a exercée par ce moyen.

Les séjours plus ou moins prolongés que fit Charles Spon à Ulm, à Paris et à Montpellier avaient été marqués par des relations, soit mondaines, soit scientifiques, mais toujours amicales, avec les meilleurs esprits de son temps et deux in-folios conservés dans la bibliothèque de notre ville nous permettent de connaître les noms de ceux qui correspondirent avec lui.

L'attention est tout d'abord attirée par un certain nombre de lettres dont l'écriture est grosse, fortement appuyée, le style rude et sec, malgré quelques passages où se montre un peu de sentimentalité. Ces lettres sont revêtues de la signature de Courtaud.

Né à Montpellier où il se fit recevoir docteur en 1611, Courtaud, en sa qualité de neveu d'Heroard, premier médecin de Louis XIII, avait obtenu des lettres de médecin du roi par quartiers. Pour des raisons que nous n'avons pas à développer ici, il fut obligé de vendre sa charge et de se fixer à Montpellier. Ce ne fut pas sans garder rancune à ceux qui l'avaient obligé à quitter Paris. La Faculté de cette ville ayant voulu empêcher d'exercer Renaudot qui était médecin de Montpellier, Courtaud prit aussitôt sa défense et engagea contre Guy Patin, Riolan et Guillemeau une lutte dans laquelle il eut finalement le dessous. Renommé comme polémiste, Courtaud a cependant mérité davantage de passer à la postérité par les services qu'il a rendus à l'enseignement de la médecine à Lyon. C'est par lui, en effet, que Charles Spon avait connaissance des ouvrages qui paraissaient alors et se trouvait renseigné sur leurs qualités et sur leurs défauts comme il l'eût été par la meilleure des gazettes médicales. Prodigieusement instruit, Courtaud connaît le titre et la valeur d'ouvrages de médecine lyonnais dont Charles Spon ignore même l'existence.

En 1637, il appelle son attention sur un livre qui n'est guère plus gros qu'un petit almanach, portant ce titre : *Traité de la composition du corps humain, enseignant la manière de réduire l'air en eau pour faire l'huile d'or nécessaire à la santé, avec les portraits des vaisseaux nécessaires pour faire cette opération, composé par un médecin de Lyon.* Ce livre, ajoute-t-il, se trouvera dans une ancienne boutique ou chez quelque curieux.

Le livre dont il s'agit, aujourd'hui devenu rarissime, fait partie de la bibliothèque de M. le professeur Florence. Il a pour titre : *Cœlum philosophorum, seu liber de secretis natura Adc. Joann. Antonii Campesii Directorium summa summarum medicinæ.*

Lugduni apud Guillelmum Rovillum, in-12, 1571. Le chapitre auquel Courtaud fait allusion est intitulé *De modo catrâhendi quintam essentiam a quatuor ele-*

mentis, ad resolvendum in ea solem pro auro potabili[1].

Dans une autre lettre, il s'agit d'une analyse « des centuries de Fabrice de Hilden, dont les premières me furent dérobées par un gascon écolier auquel je les confiai ». Quelques jours plus tard, c'est une annonce ironique « d'un prodrome d'un grand dessein cabalistique » que doit mettre au jour Lazare Meyssonnier. A propos du « pentagone » du même auteur, Courtaud ne manque pas de dire : « Je ne sais ce que c'est; mais j'ai connu ce génie tenir quelque chose de l'aigle; c'est à lui de prendre sa volée. »

Il n'est pas une seule lettre où Courtaud ne parle à Ch. Spon d'un ouvrage quelconque, en lui donnant son avis ou en lui demandant le sien. Bien qu'irrité contre « ces démangés écrivains qui écrivent pour n'enseigner rien », il écrit sans cesse et presque toujours pour critiquer. Par lui, son confrère lyonnais aura connaissance du *Traité de la peste de Guydon* encore manuscrit, de la physiologie de Rivière (très bonne et digérée depuis de longues années), du « Sebizius : de acidulis » et enfin d'un certain « almanach composé par quelqu'un appelé Lhermite sur la foi duquel j'ai trouvé la recommandation d'un remède fait par M. Meyssonnier, docteur de cette Université. J'ai été très étonné de cette procédure laquelle est d'un charlatan et il n'appartient qu'à un ignorant de se faire trompeter de la sorte ». Mais cette fois, les termes étaient trop violents. Dans une longue lettre à Courtaud, Spon défendit son compatriote et coreligionnaire. Celui-ci répondit aussitôt

[1] Un peu plus tard, un Lyonnais, Alexis de la Tourette publia un *Bref discours sur les vertus de l'or potable*, 1574.

et ne fit aucune difficulté d'avouer qu'il avait été trop loin.

Quelques mois après, c'est contre Guy Patin qu'il déchargea sa bile encore qu'il le sût ami de Spon. « Un médecin de Poitiers d'une humeur semblable à la sienne lui a dédié la version qu'il a faite du plus auguste livre d'Hippocrate en vers burlesques français : chose honteuse et que M. Patin ne devait ni souffrir ni recevoir. »

Critique éclairé mais acerbe, Courtaud était, en outre, observateur patient. Lisez cette description de viandes lumineuses à une époque bien éloignée de celle des découvertes du savant professeur Dubois : « Notre boucherie nous fournit nouvelle matière à rêveries, nous ayant déjà fait voir à diverses fois des membres de bœuf, de mouton et d'agneau qui donnent en ténèbres la même lumière que les vers luisants es murs dès l'été. » Mais à quoi est dû le phénomène? Courtaud l'ignore et sa rêverie ne le lui aura sans doute pas indiqué.

A côté de Courtaud, qui mérite la place d'honneur dans la correspondance de Spon, d'autres sont dignes d'être cités. C'est Michel qui avoue « qu'il a la fièvre quarte et n'y voit goutte pour le sommer ». C'est Bellay déjà nommé plus haut, c'est Moreau de Montreuil qui fut doyen de la Faculté de Paris en 1630, c'est Schoëbinger, médecin bâlois, et le botaniste Lamande. Spon a reçu également des lettres de Pestallozi, de Duvernay, de Seignette ; mais elles ne se rapportent pas à des sujets médicaux. Quant à la circulation du sang, la grande question à l'ordre du jour, elle fait l'objet d'une seule lettre d'un nommé Muralt.

Avec celles d'Amyraut, nous assistons à un curieux débat entre apothicaires et médecins, débat qui passionnait Paris seulement ; car à Lyon, les deux corps de métiers, si l'on peut s'exprimer ainsi vivaient en bonne intelligence. A la fin du XVIe siècle, un certain Gaultier, apothicaire, avait lutté pour conserver les prérogatives [1] de sa corporation et nul n'avait songé à les attaquer depuis. (V. Abraham Golnitz, *Voyage à Lyon.*)

Un autre correspondant de Spon, Chesneau, indique au début une solution qui ne serait guère du goût des pharmaciens : « Nos médecins, dit-il, ont une boutique où ils ordonnent pour leurs malades avec un bon maître apothicaire qui fait les remèdes comme ils veulent et ne travaillent jamais qu'avec lui, le regardant comme leur inévitable serviteur et mercenaire et ne faisant aucune composition qui ne se fasse en présence des médecins et de moi. »

Les amis de Spon ne se contentaient point d'avoir recours à ses lumières sur des questions scientifiques ou déontologiques, ils faisaient parfois appel à ses talents de médecin. L'auteur du « Sepulchretum », Bonet, lui adresse de Genève, en 1676, un appel désespéré. Il a ressenti une douleur du testicule, puis une pesanteur dans le rectum et fondement, ce malheureux signe des calculeux. Il s'est confié à quatre chirurgiens qui l'ont « sondé par l'intromission du doigt dans le rectum ». Le premier a trouvé de la dureté, un

[1] V. *Jean Gaultier l'apothicaire. Souvenirs lyonnais du XVIe siècle, 1514-1522*, par René Mouterde, Lyon, in-8°, 1887.

soupçon de pierre ; le second, un peu de tension ; le troisième, ni dureté, ni tension ; le quatrième, qui combine le toucher et le palper hypogastrique, sent une excroissance de chair ; et tous quatre ont conclu qu'à la suite d'excès d'équitation, il s'est produit un flux sur la vessie.

Peu satisfait de ce diagnostic, le malade demande l'avis de Spon et, s'il est possible, celui de Falconet. Il est vrai qu'il paie cette consultation par une bonne nouvelle : Le fils de Ch. Spon, Jacob, est de retour de son voyage, « il a passé par la ville en équipage grec ; mais en parfaite santé. »

La notoriété que Spon avait acquise par sa situation et par ses écrits le mit souvent à même de rendre service à ceux qu'il connaissait. Depuis Courtaud qui lui recommande des papiers envoyés à Schultze de Dresde, jusqu'à Sultzer qui le remercie d'avoir guéri son fils de l'incommodité de la gale, tous ont recours à sa bienveillance. Fait-il à Paris un court séjour en 1642, aussitôt de Serres lui écrit pour savoir dans quel collège de physique il doit mettre son fils. Grâce à ses « diatribes » Drelincourt va être nommé professeur à Leyde et il remercie Spon qui les a fait connaître. A Spon encore, le fils de Diodati est redevable d'un poste de médecin dans la ville d'Orange. Enfin, de Brunn de Bâle lui écrit pour lui demander de prendre en sa maison le fils d'un de ses amis qui désire étudier la médecine en France. C'était l'usage alors pour les maîtres de recevoir l'écolier sous leur toit afin que l'enseignement fût plus intime et l'influence plus profonde. Il s'agissait, dans le cas particulier, d'un certain

Samuel Iselin qui proposait en échange prendre chez lui le jeune Jacob Spon.

Il est une partie de la correspondance de notre savant qui intéresse moins le médecin que l'historien, mais qui a l'avantage de nous faire pénétrer un peu dans son intimité. Ce sont des lettres que lui ont adressées ses amis d'Allemagne.

Nous nous contenterons de citer celles qu'un nom célèbre, Hofman de Nuremberg ou Remerius de Leipsick, signale à notre attention et nous nous arrêterons sur les modestes missives qu'envoyait à Ch. Spon un bourgeois d'Augsbourg nommé Sultzer. Cet homme nous représente ce qu'était à cette époque le marchand allemand dont la guerre avait ruiné le commerce, le protestant d'abord zélé, mais dont les cruautés d'ennemis protestants comme lui avaient quelque peu ébranlé la foi. Toutes ses lettres portent un cachet de tristesse. Le palatinat est envahi par les Suédois, il y a dans Augsbourg grande disette, et les parents de Spon y ont perdu tous leurs biens. Nul ne sait quand finira la guerre et nul ne prévoit la fin de la crise qui étreint toute la chrétienté.

Cependant Sultzer a parfois l'occasion de se réjouir, lorsque son ami est dans la joie : « Je me réjouis, lui écrit-il en 1647, de ce que le bon Dieu vous a octroyé derechef sa bénédiction en augmentant votre famille d'un joli fils. » Ce joli fils, nous aurons l'occasion d'en reparler, puisqu'il se nomme Jacob Spon.

Tout en recevant de Sultzer des nouvelles de sa seconde patrie, Charles Spon ne laissait pas que de le mettre au courant de ses travaux. En 1646, il lui demande de lui procurer chez un marchand allemand, une loupe grossissante, car les Allemands de cette époque se piquaient déjà d'être les meilleurs opticiens de l'Europe. Voici la réponse qu'il reçoit : « Je suis allé moi-même trouver un maître célèbre dans la science de l'optique et qu'on tient pour le meilleur en Allemagne à présent, nommé Ussel, qui me montra un verre rond enchâssé dans du bois un peu plus petit qu'une assiette. Ce verre fait paraître les lettres bien grandes selon qu'on le rapproche du papier ou non. »

Il est bon de dire que, dès cette époque, les Lyonnais s'occupaient déjà d'optique et que les Jésuites, sous la direction du Père Bonnet, faisaient construire un observatoire. (V. *Lettres de Boileau à Brossette*, p. 105.)

En 1647, Sultzer observe un cas intéressant ou qu'il juge tel, aussitôt il écrit à son ami pour le lui signaler : « Ci-joint vous trouverez la figure d'une pierre qui fut trouvée dans le corps d'un des principaux ministres de la ville de Nüremberg âgé de cinquante-neuf ans. Il m'a semblé être quelque chose d'extraordinaire qu'une semblable pierre de dix onces puisse se tenir si longtemps près d'un homme, ayant entendu dire que le dit prédicateur a eu la gravelle depuis sa naissance jusqu'à son trépas. »

Nous avons omis jusqu'ici de signaler, parmi les correspondants de Charles Spon, un nom qui est devenu presque inséparable du sien. Il est piquant, en effet, de voir le savant lyonnais lié d'amitié avec deux hommes qui ont passé leur vie à se combattre et à s'injurier comme l'on fait Courtaud et Guy Patin. Ce dernier, esprit intransigeant, plein d'idées préconçues, ennemi déclaré de toute nouveauté et de tout novateur, ne semblait guère fait pour être le confident d'un homme aussi libéral que Charles Spon. Le hasard les avait réunis à Paris et maintenant ils continuaient, par une correspondance suivie, les relations qu'ils avaient jadis entretenues. Cette correspondance, nous n'avons pu la consulter en entier puisqu'un bon nombre des lettres de Charles Spon ont été perdues. Il ne nous reste donc que celles de Guy Patin. Depuis 1642, jusqu'en 1664, il n'a cessé d'écrire à son ami et ses lettres, au nombre de deux cent vingt-huit, vont du n° CX jusqu'au n° CCCLVIII de l'édition publiée par le Dr Reveillé-Parise. Dans la 1re édition des lettres de Guy Patin, parue à Francfort chez Jean-Louis Dufour en 1683, il existe déjà un certain nombre de lettres adressées à Charles Spon. Là se donne libre carrière l'esprit mordant de leur auteur.

Un livre d'un sieur Pothier, qui a le malheur de lui déplaire, est déclaré bon « à faire des charlatans plutôt que des médecins ». Van Helmont est traité de « méchant pendart flamand qui s'inscrivit contre la saignée faute de laquelle il mourut phrénétique ». La saignée, voilà la médication dont l'éloge tient presque toute la troisième lettre, tandis que dans la quatrième est relatée l'histoire de Saumaise. (Il falilit être tué par un charlatan qui lui donna de l'émétique au lieu de le saigner.)

Plus suggestive encore est l'observation d'un nommé François Caquet, qui, pour avoir pris de l'antimoine de divers charlatans, mourut avec un foie dont la partie convexe était verte comme un pré et la partie concave toute pleine de pus.

Il est bon de signaler pourtant le cas que relate Guy Patin d'un de ses malades, J.-B Lambert : « Il avait le rein droit tout consumé et purulent, dans le follicule duquel il y avait seize pierres qui pesaient quatre onces. » Il ne nous ajoute pas quelle médication lui avait été donnée.

Aux amateurs d'automobilisme, nous signalerons enfin cette phrase cueillie dans la première lettre de l'édition originale de Guy Patin. « Un Anglais, fils de Français médite de faire faire des carrosses qui iront et reviendront le même jour de Paris à Fontainebleau sans chevaux et mus par des ressorts admirables. »

Nous sommes obligé de nous borner là dans l'étude de la correspondance de Charles Spon, n'ayant pu avoir en main les lettres que lui écrivirent Sachs, Bernier et Belay. Ces lettres sont vraisemblablement à jamais perdues. L'ensemble de ce qui nous reste suffit d'ailleurs à nous donner une idée de l'influence exercée sur ses contemporains par cet homme que les savants les plus divers avaient choisi comme leur confident, nous dirions presque comme leur mentor.

C'est qu'en effet, par son mérite scientifique, comme aussi par sa valeur morale, Charles Spon se montrait digne de ce choix. Le premier, on savait au prix de quels efforts et de quel labeur persévérant il l'avait acquis. Quant à la seconde, amis et adversaires se plaisaient à la reconnaître. Ferme dans ses croyances, il n'hésita point à leur sacrifier de hautes dignités dans sa jeunesse et le bonheur de ses vieux jours, dévoué pour ses amis, il s'intéresse à leur avenir, les oblige presque à s'entr'aider les uns les autres ; profondément bon et généreux, il oublie ses propres malheurs, la perte de ses enfants, la ruine de ses parents d'Allemagne pour soulager, dans la mesure du possible, toutes les souffrances. A Lyon, ce sont les pauvres à qui « il ne refuse jamais ses soins ». A Augsbourg, ce sont des amis et des alliés avec qui il partage son argent. Après avoir occupé une situation brillante, il mourut pauvre là où s'étaient enrichis deux de ses confrères, André Falconet et Lazare Meyssonnier.

Deux contemporains de Spon, Falconet et Meyssonnier.

Il nous a semblé intéressant de placer ici en quelques mots la biographie et les ouvrages d'André Falconet et de Lazare Meyssonnier. Le premier, parce qu'il fut l'intime de Charles Spon qu'il fit connaître à Charles Naudé, à Gassendi, à Brossette ; le second parce qu'il représente l'ancienne médecine basée encore sur l'astrologie, opposée à la médecine d'observation, telle que Charles Spon la pratiquait.

Fils de Charles Falconet, médecin à Roanne, André Falconet naquit dans cette ville le 12 novembre 1612, fit ses études chez les jésuites puis séjourna quelque temps à Montpellier où il fut reçu docteur en 1634. De retour à Lyon en 1636, il fut agrégé au Collège des médecins en 1641 et docteur en droit de l'Université de Valence la même année. En 1656, il obtint des lettres de conseiller médecin ordinaire de Louis XIV, puis fut nommé médecin de Christine de France, femme d'Amédée II, duc de Savoie. Il mourut en 1691 à Aix où il était allé faire réparer les bains. Son fils Noël et son petit-fils Camille ont été également médecins.

On doit à André Falconet les ouvrages suivants :

1° *Moyens préservatifs et méthode assurée pour la parfaite connaissance et guérison du scorbut*, in-8°, Lyon, 1642 ;

2° *La présence des absents ou moyen de rendre présent au médecin l'état d'un malade absent. Par les médecins consultants de Paris*, Paris, 1642.

Les deux noms de Spon et de Falconet sont pour ainsi dire inséparables. Que Bonet écrive à Spon pour lui demander un conseil, il réclame en même temps l'avis de Falconet. Que Guy Patin adresse une lettre à Falconet, il ne manquera pas de lui parler en même temps de Spon.

C'est en effet chez Guy Patin que les deux médecins lyonnais s'étaient unis d'une amitié si vive, dans cette sorte de cénacle où chacun discutait librement, depuis Gabriel Naudé jusqu'à Bossuet. Plus tard, les fils reprendront les relations paternelles. Noël Falconet sera agrégé au Collège des médecins en même temps que Jacob Spon, et ce dernier, partant pour l'Italie, conduira auprès de leur père exilé les deux filles de Charles Patin.

Lazare Meyssonnier, né à Mâcon en 1602, d'une famille protestante, fit comme Charles Spon et André Falconet, ses études à Montpellier.

Il publia à Lyon une sorte d'almanach intitulé *le bon*

Hermite où il donnait un certain nombre de prédictions fondées sur l'astrologie et qui lui valut de Courtaud l'appréciation que l'on sait. Il cessa du reste de le faire paraître devant les poursuites de ses confrères. En 1651, il abjura le protestantisme et après la mort de sa femme obtint un canonicat à Saint-Nizier. Il est mort le 26 février 1672, laissant les ouvrages suivants en médecine et en théologie.

1. *Histoire de l'Université de Lyon et du Collège de médecine faisant partie d'icelle harangue prononcée à l'ouverture des lecons de chirurgie*, Lyon, in-4, 1644.
2. *Pentagonum philosophicum medicum*, Lugduni, in-4, 1639.
3. *Le médecin de tout le monde enseignant une invention de se guérir et de se préserver de la fièvre et de la peste*, in-8, 1642.
4. *Le jeûne célébré par ceux de la religion prétendue réformée en leur temple de Saint-Romain-lès-Couzon, le 4 mai, déclaré contraire au texte de la parole de Dieu*, in-12, 1645.
5. *Apologie de Lazare Meyssonnier sur ce qui s'est passé depuis sa conversion à l'Eglise catholique*, Lyon, in-12, 1646.
6. *Le directeur fidèle du malade chrétien catholique qui désire son salut et sa guérison*, Lyon, in-12, 1646.
7. *Dévotion au Saint-Sacrement de l'Eucharistie*, Lyon, in-12, 1646.
8. *Moyen assuré de ramener les hérétiques à l'Eglise catholique*, Lyon, in-12, 1647.
9. *La philosophie des anges*, Lyon, in-8°, 1648.
10. *Juris medicorum et chirurgicorum pharmacopœorum programmum, tribus actionum titulis*, Lyon, in-12, 1650.
11. *La médecine française*, Lyon, in-12, 1651.
12. *Brœviarium medicum deinde medicinæ pratica Lazari Riverii*, Lugduni, in-8°, 1664.
13. *La belle magie ou science de l'esprit*, in-12, 1669.

14 *Les aphorismes des gens de l'esprit en religion, par un médecin*, Lyon, in-12, 1670.

15. *Aphorismes d'astrologie tirés de Ptolémée*, Lyon, in-12, 1670.

Lazare Meyssonnier nous a également laissé une édition de *Guy de Chauliac* et de la *Pharmacopée de Bauderon*, in-12, 1657.

Lazare Meyssonnier a-t-il été un intime de Spon. On pourrait le croire en voyant avec quelle chaleur celui-ci prit jadis sa défense contre les attaques de Courtaud Nous devons cependant supposer que cette intimité, si elle exista, fut de courte durée. Spon est agrégé au Collège des médecins, Lazare Meyssonnier a des démêlés avec ce Collège. Spon renonce au décanat pour ne pas abjurer sa foi, Lazare Meyssonnier se convertit au catholicisme et écrit lui-même l'histoire de sa conversion. Enfin, Spon ayant été chargé de publier la *Pharmacopée lyonnaise* et d'y ajouter un « appendice chimique », Lazare Meyssonnier fait paraître de son côté une paraphrase de la pharmacopée de Bauderon composée sans tenir compte des indications fournies par le Collège des médecins.

Il existait donc entre ces deux hommes des causes nombreuses de désaccord. Il est possible que ce désaccord ait existé ; mais rien n'est venu nous le démontrer.

VIE DE JACOB SPON

Ce que nous avons dit plus haut de la famille Spon, à propos de Charles, nous dispensera de revenir sur les mêmes détails au sujet de son fils. Nous savons que Jacob Spon naquit le 26 janvier 1647, et le registre municipal des protestants contient un acte nous apprenant qu'il fut baptisé le lendemain.

« Le Dimanche 27 janvier 1644 a été baptisé dans le temple de Saint-Romain de Couzon-lès-Lyon, par sieur Alexandre Rouf, pasteur en l'Église réformée du dit Lyon, Jacob, fils de Charles Spon, docteur en médecine, agrégé à Lyon, et de demoiselle Marie Seignoret, son épouse. Parrain, sieur Jacob acéré marchand au dit Lyon, et marraine, demoiselle Suzanne du Mont, femme de Jean-Martin Giltine, marchand au dit Lyon.

« Le dit fils est né au dit Lyon, le 13 janvier au dit an mil sept cent quarante-sept. »

Jacob, ainsi que le démontre notre tableau généalogique, était le troisième enfant de Charles Spon, lequel venait de perdre un autre fils, âgé de quelques mois seulement. La perte avait été vite compensée, on le voit et Sultzer pouvait quelques jours plus tard féliciter son ami de cette heureuse naissance. D'une constitution plutôt frêle, bien que plus tard il ait vigoureusement résisté aux fatigues de longs voyages, le jeune Jacob dut passer à la maison paternelle la plus grande partie de son enfance et de sa jeunesse. La mort de son frère Mathieu, survenue en 1657, n'avait pas laissé que d'inquiéter son père sur la santé de ses autres enfants. Il se résigna pourtant à envoyer Jacob à Strasbourg en 1662. Dans cette ville, le futur docteur fit la connaissance de Bœcler, maître alors très renommé et auprès duquel Guy Patin n'avait pas hésité à envoyer son fils Charles. Une étroite intimité paraissait devoir être naturelle entre Charles Patin et Jacob Spon, elle ne manqua pas de se produire et la correspondance, qui se poursuivra jusqu'en 1683 entre les deux amis, nous prouve combien était grande cette intimité. Les lettres qu'ils se sont mutuellement adressées ont été perdues en grande partie, et celles qui nous restent se rapportent le plus souvent à des sujets qui n'ont rien de médical.

Combien de temps restèrent-ils ensemble à Strasbourg, nous ne saurions le dire d'une façon précise. Quoi qu'il en soit, nous les retrouvons tous deux à Paris où Charles Patin avait été reçu docteur en 1658. C'était à partir de cette date qu'il avait été à Strasbourg afin d'y parfaire son éducation médicale ; maintenant il ramenait à Paris son jeune condisciple, et Jacob Spon retrouvait auprès de Guy Patin son compatriote Noël Falconet.

Peut-être la prédilection que professait Charles Patin pour la numismatique provoqua-t-elle chez Jacob Spon ce goût si prononcé qu'il manifesta plus tard pour l'archéologie. Quoi qu'il en soit, une destinée à peu près analogue attendait les deux amis. Accusé en 1668, d'avoir introduit en France des livres prohibés, Charles Patin n'échappa que par la fuite à une condamnation aux galères à perpétuité. Il occupa, vers 1670, une chaire de professeur à l'Université de Padoue, et mourut dans cette ville le 8 octobre 1693. Quant à Jacob Spon, nous verrons qu'il périt dans un voyage d'exil et dénué de toutes ressources.

Reçu docteur de la Faculté de Paris, Jacob Spon est de retour dans sa ville natale au commencement de 1667.

Il a rapporté de Strasbourg une solide connaissance de la langue latine et s'est perfectionné à Paris au contact de Charles Patin qui d'après ses biographes parlait parfaitement le latin dès l'âge de onze ans.

Il revient à Lyon au moment où la ville se transforme. Du côté de Fourvière en particulier, on remue d'importantes masses de terrain non pas à la vérité pour rechercher des vestiges romains, mais pour jeter les fondations de bâtiments comme le monastère des Annonciades, de la Visitation et surtout de l'Antiquaille[1].

Jacob Spon est donc tout préparé au rôle qu'il va jouer dans quelques années ; mais pour le moment, un autre but s'offre à son ambition. Il veut être comme son père agrégé au Collège des médecins de Lyon et, comme lui, pour satisfaire aux conditions requises, il se fait pour deux années médecin à la campagne, deux années pendant lesquelles nous n'avons aucun rensei-

[1] Collombet, monastère des Annonciades dites Bleu Céleste (*Revue du Lyonnais*, 1843, t. XVIII).

gnement sur son genre de vie et dont aucun passage de ses œuvres ni de sa correspondance ne relate le souvenir.'

En 1669, il est reçu agrégé. Dès lors, il va mener jusqu'en 1674 la même vie de praticien que son père. Cependant, préférant l'archéologie à la médecine, il suivra avec intérêt toutes les fouilles occasionnées par des constructions nouvelles et appellera l'attention de ses concitoyens sur des vestiges des temps passés, encore ignorés par le plus grand nombre. Mais, petit à petit, les nouvelles constructions deviennent plus rares; les riches commerçants s'établissent, soit dans la rue Mercière déjà complètement bâtie, soit dans le quartier Saint-Paul où les anciennes demeures des xve et xvie siècles demandent à être restaurées plutôt que remplacées. Les principaux monuments de la domination romaine ne seront découverts que petit à petit, soit par Sala, soit par les PP. Menestrier et Colonia, soit aussi par Spon, archéologue avant tout, bien qu'il écrive au P. de la Chaize : Les antiquités ne sont proprement que mes jeux « de cartes ».

Il est cependant un homme qui vint encourager ses tendances archéologiques. C'est un gentilhomme lyonnais nommé Pierre de Carcavi, devenu en 1664, directeur du cabinet royal des médailles et qui a déjà enseigné la numismatique à Charles Patin. Grâce à ses indications, Jacob Spon visitera avec fruit la collection de monnaies romaines réunies à Lyon et dont le P. de Colonia nous donne l'énumération à peu près complète. Quelques années auparavant, Claude de Bellièvre avait réuni tant de pièces rares que le roi n'hésita pas à les faire acheter pour en enrichir son cabinet. Le fils de Claude Bellièvre, le marquis de Pomponne, avait également une fort belle collection.

Jacob Spon eut le bonheur de former trois élèves dans l'art des médailles; les deux premiers, Jean-François Roman de Rive, chanoine de l'abbaye de l'Ile-Barbe, mort en 1740, et André Colin, maître apothicaire juré de la ville de Lyon, n'ont pas laissé de nom dans la science; le troisième, Philippe-Sylvestre Dufour, nous intéresse surtout comme ami de Spon.

Né à Manosque en 1622, Dufour fut d'abord commerçant à Marseille, puis vint s'établir à Lyon. Il correspondit avec Tavernier, Chardin, Lamoignon et quelques autres. Un peu avant la révocation de l'édit de Nantes, il se retira à Genève puis à Vevey où il rejoignit son ami Spon. Ils moururent la même année, 1685.

Il a écrit l'*Instruction morale d'un père à son fils qui part pour un long voyage et manière aisée de former un jeune homme à toutes sortes de vertus*, Lyon, in-12, 1676.

On lui attribue aussi le traité *De l'usage du café, du thé et du chocolat*, 1671. La vérité est que Jacob Spon avait écrit ce traité en latin. Dufour le traduisit sans mettre de nom à la première édition. La deuxième. 1673, porte son nom. L'original en latin *Bevanda asiatica hoc est physiologia potus caffei* ne parut que plus tard, en 1674. Le chapitre du chocolat ne serait qu'une traduction d'un ouvrage espagnol intitulé : *Curioso tratado de la naturaleza y calidad del chocolate* par Antonio Calmenero de Ledesma, Madrid, in-4°, 1631. Une édition posthume de l'ouvrage de Spon a paru en 1686, enrichie d'une importante bibliographie.

C'est sur la recommandation de Pierre de Carcavi que Spon fit, en 1674, la connaissance de M. Vaillant, antiquaire. Ce gentilhomme passait par Lyon pour se rendre en Italie, où il avait été chargé par Louis XIV d'aller faire des recherches sur les antiquités et particulièrement sur les médailles. On sait que le grand roi s'intéressait particulièrement à la numismatique et qu'à l'exemple des Romains, il aimait à confier au bronze le souvenir des victoires et les faits importants de son règne. Ses ennemis anglais et hollandais l'ont, du reste, suivi dans cette voie, et par les coins qu'ils nous ont laissés, on pourrait écrire l'histoire métallique du XVIIe siècle comme on a pu, grâce aux deniers et aux sesterces, reconstituer diverses périodes des règnes des Césars et des Antonins.

Ayant apprécié, la compétence de Jacob Spon, Vaillant l'engagea à le suivre en Italie. L'occasion était tentante. Outre les antiquités, Rome offrait au jeune médecin une école remarquable où se développaient également toutes les branches de l'art de guérir. Il se décida bientôt à partir, mais il resta quelque temps à mettre en ordre ses affaires, tandis que son futur compagnon de route faisait un voyage en Provence.

N'ayant pu rejoindre assez tôt son ami, Jacob Spon partit seul pour Rome et échappa ainsi à une fâcheuse aventure. On raconte, en effet, que le navire sur lequel se trouvait Vaillant, ayant été capturé par des corsaires, le malheureux savant, voulant à tout prix conserver des médailles précieuses qu'il possédait, ne trouva, dit-on, pas de meilleur procédé que d'en avaler le plus grand nombre qu'il put. Rendu à la liberté et

de retour à Lyon, il s'en fut demander conseil à Dufour qui lui proposa l'achat de toutes les médailles contenues dans son tube digestif. Un purgatif énergique rendit possible ce bizarre marché et M. Vaillant put rentrer sain et sauf à Paris.

Plus heureux dans son voyage, Jacob Spon arriva à Rome en décembre 1673 et y resta cinq mois, s'occupant beaucoup d'archéologie, quelque peu de théologie et, enfin, de médecine et de botanique avec un gentilhomme anglais, nommé Wehler, qui avait parcouru déjà la France et une partie de l'Italie, à la recherche de plantes rares. Il se lia rapidement avec lui à cause de son caractère, peut-être aussi à cause de sa religion, car ils étaient protestants tous deux. Aussi, prêt à partir pour la Grèce, Wehler proposa-t-i à Spon de l'accompagner, lui offrant de subvenir à ses besoins pendant tout le voyage qui devait être long et coûteux.

Après s'être procuré des passeports, grâce à l'intermédiaire de M. de Nointel, ambassadeur de France au Levant, ils s'embarquèrent tous deux pour Constantinople, le 20 juin 1675. Après avoir visité, outre cette ville, la Troade, l'Istrie, la Dalmatie, Corfou et Zante, ils arrivèrent à Athènes où ils se séparèrent. Wehler qui avait recueilli de nombreuses plantes, resta en Grèce encore un an. Spon, au contraire, pressé de publier les résultats de ses recherches, et fatigué surtout par un voyage de vingt-deux mois, revint en France par l'Italie et la Suisse, toujours revêtu du costume oriental qu'il avait adopté pour ses recherches en Grèce. Ainsi s'explique le passage cité plus haut de la lettre de Sultzer à Charles Spon : « Votre fils a passé par Genève, en épuipage grec; mais en parfaite santé. »

Jacob Spon employa les années qui suivirent son retour à publier le compte rendu de son voyage (nous en reparlerons à propos de ses œuvres). Mais, ruiné par les frais de route auxquels la bourse de Wehler n'avait pas suffi et obligé de se refaire une clientèle, il vécut dans un état voisin de la misère, état rendu plus fâcheux encore par son état de santé. Il avait de la toux et des hémoptysies fréquentes.

Heureusement, il n'eut pas recours en vain à la générosité de ses amis. Par l'entremise de Sylvestre Dufour, l'apothicaire Moze propose au malade une excursion dans le midi de la France, afin d'y visiter certaines eaux minérales et d'en étudier les propriétés. Ils partent tous deux en 1682 et arrivent dans un pays où l'effervescence religieuse était alors considérable. On commence à les suspecter, on voit en eux des prédicateurs de la religion nouvelle et nul ne veut croire qu'ils voyagent pour visiter des stations thermales. Bref, pour échapper à la prison, ils sont obligés de rebrousser chemin et ils reviennent à Lyon au commencent de 1683.

L'année 1684 fut toute de malheurs pour Jacob Spon. Son père meurt après une courte maladie, bientôt suivi dans la tombe par Pierre de Carcavi. Ainsi, en quelques semaines, il perdait à la fois son premier maître en médecine et son premier guide en archéologie. On sait en quels termes il raconte la mort de ce père qui avait si habilement dirigé ses études médicales et, malheureusement, le laissait aussi pauvre qu'il l'était lui-même. Un cousin de Spon, nommé Charles, avait profité des nombreuses absences de son parent pour le supplanter petit à petit dans la clientèle paternelle, clientèle, composée, il est vrai, surtout de pauvres gens. De plus, bien des Lyonnais qui auraient pu consulter Jacob Spon, s'adressaient à un prévôt des marchands, nommé Vaginay, alors âgé de plus de quatre-vingts ans et doué d'une grande réputation de guérisseur, sans compter tous ceux qui confiaient alors le soin de leur santé aux nombreux médecins agrégés au Collège de Lyon.

Cependant, toute question de sentiments mise à part, la mort de Carcavi fut pour notre archéologue plus funeste encore. Ce ne fut pas seulement un sage conseiller qui lui manqua, mais un protecteur puissant et bien accrédité.

Aussi, nonobstant d'illustres amitiés comme celle du P. de la Chaize, de l'abbé Nicaise et de Bossuet, Jacob Spon sent-il que le séjour de Lyon n'est désormais plus sûr pour lui. Assez intelligent pour prévoir la révocation de l'édit de Nantes, il préfère un départ volontaire à un exil forcé. Il projette alors de se retirer à Zurich où son père avait acquis jadis le droit de bourgeoisie, tandis que des amis dévoués s'occupent de lui faire obtenir la chaire de médecine de l'Université d'Utrecht.

A la fin de 1685, Jacob Spon quitta Lyon pour se rendre à Genève, où le fidèle Dufour l'attendait. Ils devaient faire route ensemble jusqu'à Berne, où l'ingénieux droguiste avait projeté de continuer son commerce. Spon devait se rendre seul de Berne à Zurich.

Commencé en novembre 1685, le voyage fut extrêmement pénible, en raison des faibles ressources dont disposaient les deux amis. Les 30 pistoles qu'avait envoyées un médecin de Lyon ne pouvaient suffire et, pour comble de malheur, Spon perdit avec ses bagages la totalité de ses papiers. Une hémoptysie survenue à Vevey l'obligea de s'arrêter dans cette ville ainsi que son compagnon. Tous deux furent admis à l'hôpital et y moururent, Sylvestre Dufour, le 3 décembre, Spon, le 21 du même mois. Ce qu'il n'avait pas pu emporter fut saisi et vendu La vente produisit au dire de Steyert 1405 livres, sur lesquelles on envoya 300 livres à ses créanciers.

Il fallut disperser les différentes pièces d'antiquités qu'il avait amassées dans un local où il habitait les dernières années de sa vie et où son père était mort. Ils demeuraient ensemble rue du Mulet, au-dessus d'un marchand dont l'enseigne portait « Au bon Saint Antoine ». La maison a été démolie au commencement du siècle dernier.

L'Académie de Padoue, dont faisait partie Jacob Spon, acheta quelques-unes de ses antiquités qui firent partie des collections de cette ville jusqu'à la Révolution; d'autres ont été acquises par la ville de Genève et sont signalées dans la 3e édition de l'*Histoire de Genève*, parue en 1730.

Mathieu Ogier, qui avait déjà gravé le portrait de Charles Spon, nous donne aussi celui de son fils « en équipage grec ». Il le figure, en effet, coiffé d'une sorte de bonnet de fourrure et revêtu d'un manteau comme en portent encore aujourd'hui les paysans de la Dalmatie; l'ensemble du visage respire la douceur et la tristesse, bien qu'il ait dans le pli des lèvres quelque chose de sarcastique et de railleur. Les traits sont tirés, le facies amaigri, nous dirions presque cachectique, les yeux fortement excavés, le nez un peu long et aquilin. Ce portrait, ne l'oublions pas, a été fait en 1683. Il représente, par conséquent, un homme dont l'énergie a été abattue et la santé ruinée par les nombreuses fatigues endurées au cours de ses voyages et les tristesses amoncelées à son retour. Par ses hémoptysies répétées, par un affaiblissement et un amaigrissement progressif, la tuberculose eut raison de ce travailleur qui unissait au dévouement du médecin et à la patience de l'archéologue l'ardeur inlassable de l'apôtre. Sans vouloir ici porter une appréciation sur ses découvertes, ni discuter sa théologie, nous ne devons pas oublier que, tout en soignant ses malades et en composant ses ouvrages, il soutenait une controverse ardue contre un dialecticien redoutable, le P. de la Chaize.

Cette controverse est contenue tout entière dans leur correspondance qui a été publiée depuis. Voici ce qu'en dit Steyert : « En voulant, au cours d'une discussion avec le Père de la Chaize, établir l'antiquité du protestantisme, il l'a identifié avec le judaïsme. Il n'était pas possible de porter une condamnation plus formelle contre la doctrine réformée, c'était l'exclure du christianisme. »

Dans une autre lettre adressée à Philibert, en 1668, Spon défend à la fois les hérétiques et les médecins. Il mélange le style de Rabelais au burlesque de Scarron : « Je ne suis pas le premier qui ayt dit Dieu nous garde de la colère d'un médecin ; car, si j'étais méchant, je vous donnerais à tous, tant que vous êtes, une fièvre qui ne serait pas de petite condition et qui boulverserait, fricasserait et cornifistibulerait l'économie de votre microcosme, pour d'avoir le plaisir après votre mort tous vos squelettes et de bailler une nazarde à l'un et

un coup de poing à la vinaigrette à l'autre. » Le style, on le voit, ne ressemble guère à celui des autres lettres de Spon. La lettre continue sur ce ton-là pendant quatorze pages. Nous n'avons pu, du reste, nous la procurer en entier.

Ouvrages de Jacob Spon

Si nous voulions analyser toutes les œuvres archéologiques de Jacob Spon, leur étude absorberait la plus grande partie de ce travail ; car elles sont nombreuses et intéressantes, non seulement pour les Lyonnais mais pour tous ceux qui s'occupent d'antiquités et de voyages. Nous nous bornerons par conséquent à en signaler les principales éditions, nous réservant de revenir ensuite sur ses ouvrages médicaux.

I. — *Recherches sur les antiquités et curiosités de la ville de Lyon, ancienne colonie des Romains et capitale de la Gaule celtique, avec un mémoire des principaux antiquaires et curieux de l'Europe*, Lyon, in-8°, 1673. Chez Jacques Facton.

Il est certains exemplaires dont le titre porte l'adresse du libraire Antoine Cellier fils et la date 1675. Il en est d'autres, à la fin desquels se trouve un opuscule de 32 pages intitulé : *Discours sur une pièce antique et curieuse du cabinet de Jacob Spon à M. Graverol, célèbre avocat au présidial de Nîmes*, in-12, 1674.

Il existe enfin une édition plus récente, augmentée de notes et de recherches sur l'administration romaine dans la Gaule lyonnaise, d'après des inscriptions de Louis Renier, des additions et des corrections écrites de la main de Spon sur l'exemplaire de la bibliothèque impériale et d'une étude sur la vie et les ouvrages de cet antiquaire, par J.-B. Monfalcon. Lyon, imprimerie de Perrin, 1858.

II. — *De l'origine des étrennes.* —. La première édition in-12, Lyon, 1673, ne porte que les initiales du nom et de la profession de l'auteur. J. S. D. M. L'ouvrage a été reproduit sous une autre forme et élagué dans les « Recherches curieuses » du même auteur, Lyon, 1683.

Une troisième édition a été publiée par M. Leber dans un des volumes de sa collection de dissertations.

Deux exemplaires édités séparément sur vélin portent ce titre : *Recueil de quelques pièces curieuses sur l'origine des étrennes et diverses particularités de cette coutume chez les Francais*, par Spon, le P. Tournemine, etc., in-8°, Paris, Dentu, sans date,

Enfin, l'ouvrage a été réimprimé sous ce titre : *Dissertation sur l'origine des étrennes, avec notes*, par M. M..., Lyon, imprimerie Barret, 1828.

III. — *Relation de l'état présent de la ville d'Athènes, ancienne capitale de la Grèce, bâtie depuis 3.400 ans, avec un abrégé de son histoire et de ses antiquités*, Lyon, Pascal, in-12, 1674. (Spon n'a écrit que la préface; le reste de l'ouvrage est du P. Babin.)

IV. — *Voyage d'Italie et de Dalmatie, de Grèce et du Levant, fait aux années 1675 et 1676*, Lyon, chez Antoine Cellier, 3 vol. in-12, 1678. L'ouvrage est signé Spon et Wehler, mais c'est Spon seul qui l'a fait, Wehler en ayant publié un autre en anglais. Il occasionna la critique intitulée *Lettres écrites sur une dissertation d'un voyage de Grèce*, publiées par Spon avec des remarques sur les médailles, etc., par Guillet, Paris, in-12, 1679.

Spon opposa à ces lettres une réponse à la critique de M. Guillet sur le *Voyage de Grèce*, Lyon, in-12, 1679.

Le voyage d'Italie a été publié en deux volumes in-12 à Amsterdam. Boom, 1682, à la Haye en deux volumes in-12, 1724. Il existe aussi une édition allemande de Ménudier, in-folio, 1681-1690-1713.

V. — *Ignotorum atque obscurorum quorumdam deorum aræ*, Lugduni, in-8°, 1676, avec notes, Ant. Cellier.

VI. — *Lettre au P. de la Chaize sur l'antiquité de la véritable religion*, Lyon, in-12, 1678, Ant. Cellier.

VII. — *Histoire de la ville et de l'État de Genève*, Lyon, 2 vol. in-12, 1680, Ant. Cellier. Une autre édition a été publiée : *Histoire de Genève*, par Spon, rectifiée et augmentée par

Gauthier et Firmin Abauzit, 2 vol. in-4°, Genève, 1700. Une troisième édition, rectifiée et considérablement augmentée par d'amples notes, a paru en 1730 à Genève chez Fabri et Barrillot, 4 vol. in-12 avec figures.

VIII. — *Recherches curieuses d'antiquités contenues en plusieurs descriptions sur les médailles, bas-reliefs, statues, mosaïques et inscriptions antiques*, Lyon, Amaury, 1683, in-4°.

A cet ouvrage est annexée la « dissertation qu'il n'est pas vrai que ce fussent seulement les esclaves qui pratiquassent la médecine à Rome, et que les médecins en aient jamais été bannis ».

IX. — *Miscellanea eruditæ antiquitatis in quibus marmora statuæ etc. huc usque inedita referuntur ac illustrantur*, Lugduni, in-folio, 1686. Il existe des exemplaires avec la fausse date 1679. Une réimpression s'en trouve dans *Poleni suppl. thes, Antiq.*, t. IV, p. 633.

X. — *Supplementum ad Meursii librum de populis et pagis Atticæ*, Lugduni Batavorum, in-folio, 1699.

XI. — *Correspondance entre le P. de la Chaize, jésuite, et Jacob Spon*, Paris, Servier, in-8°, 1827.

XII. — *Histoire de l'empereur Commode d'après les médailles* (n'a pas été publié).

Ajoutons que, suivant les exemples paternels, Jacob Spon s'occupa de l'impression de certains ouvrages, par exemple le *Voyage du Congo et de l'Italie*, de l'avocat Huguetan, Lyon, in-12 1681, et surtout du *Glossaire de du Cange*. A Paris, on avait refusé d'imprimer ce dictionnaire. Jacob Spon, le revit, le corrigea et en confia l'impression au Lyonnais Jean Anisson qui devait, en 1690, devenir le directeur de l'imprimerie royale. L'ouvrage parut en 1680, deux volumes in-8°, puis, en 1684, corrigé par le Père de Colonia. Une troisième édition fut publiée à Paris en 1688.

En regard de ces nombreux volumes, le bagage médical de Jacob Spon paraît, au premier abord, fort peu important. C'est en 1679 que paraît le *Traité de la guérison de la fièvre par le quinquina*. Pourquoi son auteur a-t-il attendu cette date ? Pourquoi a-t-il passé, sans écrire un mot de médecine, la meilleure partie de sa vie ?

On pourrait alléguer, peut-être, l'influence de Vaillant et surtout de Carcavi qui dirigea Spon du côté de l'archéologie. Une autre explication nous semble plus plausible. Si nous en exceptons Lazare Meyssonnier qui écrivit beaucoup, les contemporains de Jacob Spon n'ont guère laissé que deux ou trois ouvrages chacun et ont attendu pour les publier ou que leur esprit soit plus mûri ou que leurs observations soient plus nombreuses. Apprendre et plus encore écrire devait être singulièrement difficile à une époque où les livres étaient chers, où la correspondance privée tenait lieu de journalisme médical, où l'insuffisance des moyens de transport interdisaient à la plupart d'aller voir les découvertes faites en d'autres pays.

Jacob Spon n'a commencé à composer ses livres qu'après avoir observé, étudié, correspondu avec de nombreux savants et entrepris un long voyage. Nous allons voir quelle influence il a exercée par ses ouvrages, par sa correspondance et par ses amis et enfin par ses pérégrinations en Italie, en Grèce et dans le Levant.

Le premier ouvrage de Spon est intitulé *Traité de la guérison de la fièvre par le quinquina*, 1 vol. in-12, 1679.

Découvert en 1630 par un corregidor de Lima, don

Juan Lopez de Cannizares qui guérit par son moyen la comtesse del Chinchon, le quinquina avait été apporté en Europe par les jésuites, d'où le nom de « poudre des jésuites » qu'on lui avait donné. En 1679, Louis XIV avait acheté, de l'anglais Talbot, le secret de l'emploi du quinquina moyennant deux mille louis et une pension annuelle. De 1642 jusqu'en 1679, nombre d'ouvrages sont publiés sur cette substance, mais aucun en français ; celui de Spon a le mérite d'être le premier ; il fut du reste imité par de Blegny dans son *Remède anglais pour la guérison des fièvres*, in-12, Paris, 1682. Ouvrage publié par ordre du roi.

Le livre de Spon devait bientôt être suivi d'un autre qui lui sert, pour ainsi dire, de complément, les *Observations sur les fièvres et sur les fébrifuges*, parurent à Lyon, chez Cellier, en 1681, 1 vol. in-12. Une seconde édition sans modifications notables et de même format fut publiée en 1684. Dans l'intervalle, le livre avait connu les honneurs d'une traduction anglaise qui vit le jour à Londres, en 1682, in-12.

Tout en payant un juste tribut aux nouveautés de l'époque, Spon reste cependant traditionaliste et, chaque fois qu'il se trouve en présence d'une difficulté, c'est dans Hippocrate qu'il en va chercher la solution. Il le commente du reste avec soin dans les *Aphorismi novi ex Hippocratis operibus passim collecti, in suas classes digesti.* Le volume parut à la fin de 1689 imprimé par Faëton. Il est de format in-12, écrit en grec et en latin et augmenté de nombreuses notes. Dans sa vénération pour le père de la médecine, l'auteur va beaucoup trop loin et cherche vainement à prouver qu'Hippocrate a connu la circulation du sang et identifié le chyle avec le lait.

Nous ne reviendrons pas sur le *Bevanda asiatica, hoc est physiologia potus caffei*, faussement attribué à Sylvestre Dufour. Nous nous contenterons de dire que l'ouvrage fut réédité à plusieurs reprises : en 1685, à Paris, in-12; en 1693, *ibid.*, en 1699, à Genève, avec notes de Manget sur la partie du café, et enfin en in-4, à Leipsick, 1704. Le succès de l'ouvrage n'est point fait pour étonner. Dans la seconde moitié du XVIIe siècle, le café faisait les délices de la cour et de la ville, malgré les impuissants anathèmes de Mme de Sévigné.

Nous devons rappeler enfin que Jacob Spon mit à profit sa connaissance de la langue latine pour collaborer aux *Acta eruditorum lipsensium.* Il y relate le cas intéressant d'un « polypus renis Lugduni Gallorum nuperrime observatus ».

Livres de médecine et livres d'archéologie portent la marque de l'esprit judicieux et observateur de Jacob Spon. Ils nous le montrent apte à reconstituer l'histoire d'une maladie d'après ses divers symptômes, comme l'histoire d'un peuple d'après ses médailles et ses monuments. Mais au XVIIe siècle, le livre, nous l'avons dit, était encore d'un prix élevé et, par conséquent, lu par un petit nombre. La correspondance, au contraire, permettait aux médecins de se procurer soit par leurs confrères, soit par les gens du monde, les renseignements nécessaires à la pratique de leur art. Elle facilitait aussi l'expansion et la discussion de leurs propres idées et, grâce à elle, se formaient de véritables nouvellistes médicaux à côté des nouvellistes politiques si bien étudiés par M. Funck Brentano. Jacob Spon, nous l'avons vu, fut en relation avec un grand nombre de personnes. Recherchons parmi les lettres qui lui furent adressées et que nous possédons à l'heure actuelle, celles qui intéressent le médecin.

Correspondance de Jacob Spon.

Nous ne devons pas nous attendre à rencontrer parmi les correspondants de Jacob Spon des esprits critiques et mordants tels que Courtaud et que Guy Patin. Parmi tous les savants dont les lettres nous ont été conservées, aucun ne nous renseigne sur le mouvement médical au XVIIe siècle. Tandis que Charles Spon surtout en rapport avec des médecins, les interrogeait sur les livres nouvellement parus et échangeait avec eux des jugements sur les ouvrages et sur leurs auteurs, Jacob Spon vit, au contraire, dans un milieu aussi peu médical que possible. Ses amis sont archéologues ou théologiens. L'un, Mezzabarba, lui adresse une longue épitre pour lui décrire une urne antique ; l'autre, Guyraud, reproduit fidèlement une inscription latine qui tient plusieurs pages. Senebier, de Genève, l'auteur de la *Dissertation sur la polygamie* lui envoie de fréquentes lettres, mais qui n'intéressent guère le médecin. Nous en dirons autant du pasteur Graverol et de l'abbé de la Chambre et nous serons encore plus étonné de ne trouver que des missives banales sous la signature de Charles Patin.

Est-ce à dire pour cela que nous devions passer sous silence toute la correspondance de Jacob Spon? Telle n'est point notre pensée. A propos des fébrifuges, il ne craint point de chercher des conseils auprès de Monginot, de Thouvenot et du P. Nicaise lui-même à qui, par occasion, il fait apprécier ses produits : « J'ai joint aux fébrifuges trois somnifuges dont vous êtes prié, de la part du P. Fossé qui en est l'auteur, de faire tenir un couple au P. Mabillon sans qu'il sache d'où cela vient ; car Harpocrate me dit : *st*, *st*. Si vous en voulez pour régaler vos amis, je vous en donnerai. »

Dans une autre lettre, il rend compte au P. Nicaise de sa propre santé et lui annonce la mort d'un de ses clients avec une résignation toute philosophique : « Je m'étais fait saigner le jour que M. Dareste m'envoya ce livre ; je craignais quelque nouveau débordement de ma poitrine que je sentais pesante et embarassée ; je m'en suis bien trouvé, Dieu merci ! Nous avons ici quantité de pleurésies et d'inflammations de poitrine dont bien des gens sont morts. Nous avons perdu le bonhomme M. Gaut. Il était âgé de soixante-dix ans et atteint d'une fièvre quarte qui lui durait depuis cinq ou six mois et qui lui a produit de l'hydropisie. Senectus ipsa morbus est. »

C'est probablement pour ces pleurésies que Spon cherchait à se procurer « des aiguilles à paracentèse » analogues sans doute à ces canules à ailettes imaginées autrefois par le professeur Potain. Ces aiguilles, paraît-il, ne se fabriquaient pas en France si nous en croyons la lettre suivante de Thouvenot (Turin, 1680) : « Pour les aiguilles à paracentèse, il m'est impossible de vous en envoyer ni d'en faire faire. Deux horlogers de S. A. R. qui m'en ont fait quantité sont morts tous les deux bientôt l'un près de l'autre. L'un se nommait Charmetton, l'autre Roux. Français tous deux, fort adroits et connus partout. Nous n'avons personne qui les vaille pour cela. Mais sur mon dessin qui est sur le journal *les Savants*, en septembre 1678, en suite d'une lettre de M. Boule, chirurgien, opéré et guéri par moi, il n'y a pas un horloger qui ne vous en fasse de simples qui ne se serrent ni à clef ni à vis ; les autres n'étant nécessaires que pour les vieux et exténués, pour ne les piquer que deux ou trois fois le jour. J'ai montré l'opération à un ami intime, chirurgien de la citadelle et nommé Antonio Arezzo qui en fait très souvent et je me débarrasse de l'importunité de tous ces médecins et chirurgiens qui, ayant épuisé leurs cerveaux avec l'humide radical des pauvres malades, m'en embarassaient. Je n'en ai jamais faites qui ne soient guéries, mais je les veux récentes et avec des forces. »

Nous ne savons pas si Jacob Spon trouva un horloger pour lui faire les aiguilles demandées, mais nous allons voir que, s'il réclamait quelques services à ses amis, ceux-ci en revanche avaient bien souvent recours à sa thérapeutique. Ce même Guyraud, qui avait relevé pour lui des inscriptions latines, lui adresse quelques jours plus tard la lettre suivante : « Si vous pouviez me guérir de quelques douleurs aux vésicules qui m'incommodent souvent et m'empêchent de marcher, vous m'obligeriez grandement. Nous avons usé souventes fois de bains modérés et de plusieurs applications, mais rien ne nous a servi ». Ces vésicules dont parle Guyraud sont, à n'en pas douter, les vésicules séminales incriminées à tort alors que la prostate était plus vraisemblablement en cause. L'observation est vraiment un peu courte pour permettre un diagnostic même probable. Elle nous fait regretter la lettre de Bonet à Ch. Spon, mais Guyraud est archéologue, Bonet était anatomiste et médecin.

Voyages de Jacob Spon.

« De quel avantage peuvent-être les voyages dans l'amélioration des sciences médicales qu'on a déjà acquises ? L'expérience de tous les âges prouve en leur faveur, mais ils seront inutiles si celui qui veut les entreprendre n'a pas cumulé dans sa tête ce qui peut le mettre à même d'en profiter ; il n'en recueillera aucun fruit s'il ignore l'art de penser. » (Marchant, *Dictionnaire des Sciences médicales* en 60 volumes, t. LVIII.)

En tant que voyageur, Jacob Spon a rempli les deux conditions imposées par l'auteur du précédent article. Il avait « accumulé dans sa tête » assez de science pour recueillir en cours de route d'utiles observations et l'étude de ses ouvrages nous montre qu'il était maître « en l'art de penser ». S'il quitta son pays surtout dans un but d'archéologie, il n'oublia jamais qu'il était médecin et l'on nous pardonnera les trop longues citations par lesquelles nous voulons appuyer cette assertion.

Etant encore en Provence, il commence à nous signaler « une tête prodigieusement grosse ». L'homme auquel elle appartenait « n'avait pas plus de quatre pieds de haut et néanmoins, sa tête en a trois de tour par les côtés et moins d'un pied de hauteur. Les os à force de s'élargir étaient devenus fort minces et entr'ouverts de la largeur d'un écu à l'endroit où la suture sagittale se rencontre avec la coronale qu'on appelle aussi fontanelle ». Si nous ajoutons que le possesseur du crâne en question mourut à l'âge de cinquante ans, nous verrons qu'il s'agissait assurément d'un curieux cas de survie chez un hydrocéphale. Quant au garçon de Negrepont qui avait « comme une grosse courge aplatie au-dessus de la tête », tout nous fait croire qu'il était porteur d'une encéphalocèle.

Nous n'insisterons point sur le cas d'une possédée que Spon vit en Dalmatie. Son démon, nous dit-il, était un sot puisqu'il se disait de Padoue et ne savait pas un mot d'italien ». Nous citerons en revanche tout un passage relatif à la peste d'Andrinople, passage intéressant pour un médecin qui n'était pas sans avoir ouï parler de l'épidémie de peste survenue à Lyon quelques années auparavant.

« Nous avions grande envie d'aller voir la cour à Andrinople ; mais elle nous passa quand nous aprîmes qu'il y mourait de la peste près de 1000 personnes tous les jours. Il est vrai qu'à Constantinople il en mourait 2 ou 300 par jour et que la peste y est presque continuelle ; mais comme la ville est grande et renferme avec les faubourgs plus de 700.000 âmes, ce petit nombre de 2 ou 300 est compté pour rien et on ne commence à faire les prières publiques pour être délivré du fléau que lorsque le nombre de ceux qui meurent chaque jour monte jusqu'à 1000. Tous les jours, nous en voyons porter en terre le visage découvert, que le peuple accompagne comme s'ils étaient morts d'une maladie ordinaire. On les fréquente également et on achète aussi bien leurs meubles que ceux des autres. Il n'y a que ceux de nos quartiers et quelques gens d'esprit parmi les Grecs et les Turcs qui usent en cela de quelques précautions. Il n'y avait pas huit jours que nous étions arrivé que la maison qui touchait la nôtre fut infectée. Notre hôte eut assez de prudence pour nous aller louer incontinent une petite maison située au bord de la mer et séparée de toute autre. Nous lui fûmes obligé du soin qu'il prenait à notre considération, car pour ce qui était de lui, il ne craignait pas la peste en ayant été une fois attaqué. Ceux de Constantinople tiennent pour maxime qu'on n'est pas sujet à la reprendre si on a déjà eu une fois le bonheur d'y échapper. Cela n'est pas néanmoins véritable et nous avons des observations du contraire. Mon père m'a assuré qu'il a vu une personne de Lyon attaquée deux fois de cette maladie, mais en deux contagions de différentes années. J'ai lu aussi une lettre de M. Guy Patin, écrite à mon père en l'an 1656, qu'il avait été consulté pour une dame qui avait eu la peste trois fois. Il est vrai que, pendant qu'une même contagion dure, ceux qui l'ont eue ne la craignent plus et servent les malades sans courir de risques, comme on l'a remarqué à Lyon où elle a été deux ou trois fois depuis le commencement de ce siècle. Mais quand il vient une nouvelle peste, ils courent les mêmes risques que les autres, parce qu'elles sont différentes en malignité. Ainsi, l'on pourrait dire en faveur de ceux qui croient n'y plus devoir être sujets à Constantinople, que c'est toujours la même peste ; car, en effet, elle ne s'éteint jamais entièrement pour le peu de soin que le peuple a de se conserver. »

Telles sont les idées que professait Spon sur la contagion, idées qui, on le voit, se rapprochaient un peu des nôtres. Laissons-lui maintenant le soin de nous présenter un des médecins chargés de combattre le fléau.

« Nous allâmes rendre deux ou trois fois visite à Mahomet-Bacha, chirurgien de l'Ahneydan. Il a de l'emploi au sérail et possède quelques livres latins, anglais et italiens de chirurgie et de médecine qu'il entend fort bien, car il était Anglais et fut pris jeune par les Turcs qui l'ont élevé dans la religion mahométane. Il témoigne beaucoup de civilités aux Francs. Il nous fit voir un livre de médecine en arabe d'un docteur persan qu'il disait fort savant ; mais je ne le crois pas capable d'en juger ; sa science n'allant guère au delà de savoir faire quelques sirops, conserves et confitures, dont il s'acquitte fort bien et de saigner les malades avec sa lancette. Nous vîmes pendant que nous étions à sa boutique quelques Turcs qui venaient chercher des pilules d'opium qu'ils appellent *Asion*. C'est le suc du pavot sans préparation, ni purification. Tout le monde sait que cela ne les fait pas dormir, mais qu'ils le prennent pour cordial à plusieurs maladies et pour aller affronter avec moins de crainte dans la guerre les plus grands périls. Comme ils s'y accoutumaient dès la jeunesse, il n'a plus la force de leur assoupir les sens quoiqu'il en ait assez pour leur endormir l'esprit et leur ôter les sentiments de la peur et de la douleur. »

L'*Asion* fut sans doute insuffisant pour ôter de l'esprit de notre voyageur la crainte de la peste. Après un long voyage en Albanie, Jacob Spon arriva enfin à Athènes. La recherche des antiquités que lui présentait cette ville ne l'empêcha point de s'intéresser au fonctionnement d'un instrument pour la saignée nommé (*Balestra*). « C'est une manière de petite arbalète, dont la flèche sert de lancette, laquelle étant dans un tuyau creux est poussée par la corde qui passe au travers du manche. Ainsi, elle ne peut pas aller plus avant que ce qu'on avait jugé qu'il fallait pour ouvrir la veine ; car on peut la faire sortir autant que l'on veut en passant la corde de l'arc plus ou moins proche de la lame de cette lancette. » L'instrument était assez ingénieux et Jacob Spon reconnaît qu'il peut rendre des services « pour tromper les enfants qui ne voient point la lancette » ou pour éviter de piquer l'artère ; mais il lui reproche d'être compliqué et « de ne pouvoir être bien propre lorsque les veines sont profondes. » Finalement, il revient à sa vieille lancette laquelle, du reste, on n'a pas modifié de nos jours.

Après avoir séjourné à Lépante où un Grec le vient consulter pour sa femme tracassée « par les esprits qui courent la nuit », il se rend à Livadia où il fait la rencontre d'un homme de Zanta qui lui offre son logis. « Il s'appelle Signor Alexandro ; il s'est érigé médecin de chaussetier qu'il était. » Un peu plus loin, c'est un marchand, Belisario Fosca, qui demande à Spon de lui apprendre quelques lavements, quelques émulsions et deux ou trois sortes de médecines. En reconnaissance, il le mène voir des inscriptions.

Au cours d'une promenade qu'ils firent tous deux, ils rencontrèrent « cinq ou six gros mylords turcs » qui tendirent le bras vers Spon pour savoir si leur pouls allait bien et lui demandèrent s'il était « médecin des plaies ou des fièvres ». Après avoir échangé entre eux quelques paroles, ils conclurent qu'ils avaient devant eux un σοφός καί γραμματισμένος ἰατρος, c'est-à-dire un médecin savant ou qui a étudié.

Le retour de Spon dans sa ville natale par Venise et les Grisons faillit bien ne pas s'effectuer. Un sieur André Cormoy, de Saumur, pressait vivement notre voyageur de s'établir à Zante en remplacement d'un vieux médecin hébreu dont on prévoyait la mort prochaine (il avait alors quatre-vingt-sept ans), « mais, nous dit Spon, l'amour de la patrie eut plus de pouvoir sur moi et m'obligea à m'embarquer pour Venise ». Son compagnon de voyage fut M. de Fermont qui, arrivé au bourg de Poschiavo à l'entrée du pays des Grisons, fut pris de douleurs de reins et « jeta hors la petite vérole de quoi il fut bien malade ». Cette maladie donna à Spon l'occasion de vérifier cette définition de l'apothicaire donnée par un médecin de Paris : « Est animal benefaciens partes et lucrans mirabiliter. » Ils échappèrent son ami et lui à la tyrannie de celui de Poschiavo, grâce à un seigneur italien, Cesare Gassoni, qui leur donna l'argent nécessaire pour continuer leur chemin.

Arrivé à Genève où il se sépare de M. de Fermont, Jacob Spon va rendre aussitôt visite à M. Suycer (qui sait plus de grec que toute la Grèce entière) et à MM. Lavater père et fils, célèbres médecins qu'il avait connus auparavant. Il en profite pour rapporter deux observations : une de fracture du crâne, l'autre de rachitisme.

« Ils (MM. Lavater) me firent voir les crânes de deux enfants qui étaient nés avec les yeux presque sur la tête et le crâne d'un homme dont la table intérieure était cassée, bien qu'il ne parût rien à l'extérieur. Il avait reçu un coup de boule à la tête en jouant et l'on n'osa pas le trépaner parce qu'il ne paraissait pas de fracture au dehors, mais il en mourut. Aussi est-ce à cause de cela qu'Hippocrate appelle cette fracture (συμφοραν) malheur ou infortune. J'ai voulu faire cette remarque parce qu'il y a des gens qui ne se peuvent persuader que la chose soit possible.

« Ils nous firent voir aussi l'os de la jambe d'un enfant de cinq ou six ans, courbé en arc par la violence des convulsions. Cela me servit à confirmer la belle observation de médecine que mon cousin Charles Spon a trouvée parmi les mémoires de M. Gras, médecin de Lyon, où l'on voit que les os peuvent perdre leur solidité et se courber quelquefois au lieu de se rompre. Comme la chose est des plus surprenantes, je veux vous en faire part, car, quoique j'écrive un voyage, je ne dois pas pour cela faire difficulté de l'interrompre par des digressions de toute nature qui servent à délasser le lecteur du chemin qu'on lui fait faire sur les pierres et dans les montagnes. »

Sans insister sur l'histoire des deux enfants nés avec des yeux presque sur la tête, nous signalerons le cas curieux de fracture de la table interne du crâne, faisant observer qu'à l'époque de Spon les indications de la trépanation étaient déjà discutées. Puisque lui-même cite Hippocrate, nous ajouterons encore que le père de la médecine avait déjà donné de nombreux conseils à propos des fractures du crâne (V. Albert, *Chirurgie clinique*, traduit par Broca, Paris, Steinheil, 1893).

L'interprétation de l'observation suivante (courbure du tibia par la violence des convulsions) est plus délicate. S'agissait-il d'une amyotrophie localisée, consécutive à des convulsions, amyotrophie qui aurait permis aux muscles antagonistes de produire cette courbure ou, au contraire, avait-on affaire à des convulsions chez un rachitique ? La seconde hypothèse nous semble plus satisfaisante si nous en croyons Décroizille. D'après lui, en effet, le rachitisme serait une des principales causes des convulsions.

Quant à l'observation trouvée dans les mémoires de M. Gras, elle relatait peut-être un cas d'ostéomalacie. Ostéomalacie et rachitisme n'ont pas encore été séparés rigoureusement à cette époque et, comme Spon ne nous donne pas ladite observation, il nous est impossible d'en juger.

La médecine tient donc une place importante dans le récit des voyages de Spon. Son esprit observateur lui a permis de faire d'utiles remarques sur l'épidémie de peste de Constantinople. A son sens critique très perspicace, il a dû de ne point s'enthousiasmer sur tout ce qu'il rencontrait et de voir en toutes choses le bon et le mauvais côté. L'ingéniosité du *Balestra* ne saurait le tromper, il en voit tout de suite les inconvénients. Enfin, plusieurs fois, au cours de la route, il a été fait appel à ses talents de praticien. Il s'est acquitté avec honneur de tâches parfois difficiles. Dénué de tout dans une petite bourgade des Grisons, il a réussi à mener à bien le traitement d'une variole et à conduire sans accidents le convalescent dans son pays.

On objectera que les voyages de Spon n'ont pas fait faire grand progrès aux sciences médicales. Il n'était pas besoin d'aller en Orient pour savoir que la peste est contagieuse. A plusieurs reprises, la « contagion », lisez la peste, avait exercé ses ravages à Lyon. De même, on connaissait l'action tonique de l'opium absorbé à petites doses avant qu'un voyageur fût allé voir les Turcs avaler des pilules d'*Asion*. Quant aux diables et « autres esprits follets qui courent la nuit », si le vulgaire y croyait encore, les gens éclairés se montraient plus sceptiques, et le même malade que des campagnards auraient brûlé comme loup-garou était traité en ville comme un hystérique, bien que l'on n'employât point le mot d'hystérie.

Cependant, les voyages de Spon ont servi à mettre en relief ses qualités qui, dans ses ouvrages médicaux et dans sa correspondance, passaient un peu inaperçues. Ils nous l'ont montré tel que l'ont fait l'influence et la direction paternelles.

Nous avons tâché de faire ressortir en Charles Spon l'esprit essentiellement pratique ; l'homme voulant avant tout être utile, ayant horreur de parler pour ne rien dire, dédaignant les détails pour s'attacher au seul point important d'une théorie, à la seule idée maîtresse d'une page ou d'un livre. Nous retrouvons dans son fils Jacob le savant qui a beaucoup appris, parce qu'il n'a rien appris d'inutile ; l'esprit judicieux dont les erreurs sont rares parce que rares sont les affirmations.

INFLUENCE EXERCÉE PAR LES SPON

A l'époque des Spon, deux institutions contribuaient au développement de l'école médicale lyonnaise. L'Hôtel-Dieu et le Collège des médecins. A l'Hôtel-Dieu, le nombre des lépreux et pestiférés rendait presque impossible l'observation de maladies intéressantes. Le Collège des médecins, au contraire, devait par son son enseignement aider à la diffusion d'idées nouvelles en pathologie et en thérapeutique. Entré dans ce collège, Charles Spon comprit qu'il ne pouvait pas, avec le nombre restreint de malades dont il disposait, apprécier la valeur de tel ou tel symptôme ou l'efficacité de tel ou tel traitement. Ce fut à ses anciens amis de Paris ou d'Allemagne qu'il demanda des observations, des opinions et, comme nous l'avons vu, de la bibliographie. Il se mit petit à petit en relations avec les écoles de Bâle, de Wittemberg et surtout avec cette école d'Augsbourg d'où, un siècle plus tard, devaient sortir tant d'intéressants travaux sur la phtisie. Il eut ainsi le double mérite de faire connaître au loin l'école de Lyon et de rehausser son niveau intellectnel. L'instruction que Jacob Spon reçut de son père fit de lui un médecin bien supérieur à la plupart de ceux de son temps. M. Bernardin, dans son ouvrage intitulé : *les Hommes et les mœurs au* XVIIe *siècle,* nous donne une idée de ce qu'était le grand médecin à cette époque. Celui qu'il met en scène, Charles de l'Horme, n'observe point ses malades et leur ordonne au hasard, soit de la graisse de porc mâle, soit une eau merveilleuse, dont il est l'inventeur. Quant à son savoir médical, il est plus que médiocre. A quoi bon s'encombrer la mémoire, alors que deux ou trois remèdes guérissent toutes les affections.

Nous avons vu, au cours de travail, que J. Spon ne ressemblait guère à cet étrange guérisseur. Nous croyons avoir montré en lui l'observateur et le savant, et tout nous porte à croire que les autres élèves de son père avaient reçu une éducation semblable et acquis des qualités analogues. Agrégé à son tour, Jacob Spon continuera les traditions paternelles et correspondra avec les principaux savants de l'Europe, encore que la théologie et les antiquités viennent tenir dans cette correspondance une place quelque peu exagérée. Grâce à Charles et Jacob Spon, l'école de Lyon est devenue une sorte de Babel scientifique où les idées écloses à Paris et à Montpellier, en Allemagne et en Italie, se heurtent, se modifient et finissent par se fondre. Ils ont eu le mérite de faire passer sous les yeux de leurs élèves les théories contradictoires des diverses écoles et de leur montrer ainsi qu'une fois les théories renversées, il ne reste plus que l'observation.

CONCLUSIONS

I. Charles et Jacob Spon ont contribué pour une part importante au développement des sciences médicales à Lyon :

1° Parce qu'ils sont arrivés à une période où de récentes découvertes allaient révolutionner la médecine ;

2° Parce que leurs relations de famille et d'amitié les ont obligés à correspondre avec les principaux savants de l'Europe ;

3° Parce qu'ils sont entrés au Collège de médecine de Lyon au moment où celui-ci était le plus florissant.

II. La façon dont Charles Spon a dirigé l'éducation de son fils explique les qualités et la tournure d'esprit de ce dernier.

III. Dans les occupations de Jacob Spon, l'archéologie a toujours tenu la seconde place : elle ne l'a point empêché de faire de la médecine, puisque médecine et archéologie sont des sciences d'observation.

IV. Bien qu'entrepris dans un but archéologique, les voyages de Jacob Spon nous semblent intéressants au point de vue de l'histoire de la médecine.

BIBLIOGRAPHIE

Archives municipales, registre des protestants, R. 714 à 719.

Achard-James, Histoire de l'Antiquaille.

Albert, Traité de chirurgie clinique et de médecine opératoire.

Archives du Rhône, *passim*.

Brossette, Nouvel éloge de la ville de Lyon, Lyon, Jean-Baptiste Girin, 1711.

Breghot du Lut et Péricaud, Catalogue des Lyonnais dignes de mémoire, Lyon, Gilberton et Brun, 1839.

Bayle, Œuvres, t. I.

Bertrand, Mes vieux médecins, Lyon, in-12, Storck, 1905.

Bleton, Histoire de Lyon.

Bouchut, Histoire de la médecine, t. II.

Boissieu (Alphonse de), Inscriptions antiques de Lyon, Lyon, Louis Perrin, in-fol., 1846-1859.

Biographie universelle, t. XLIII.

Baudrier, Bibliographie.

Chapuzeau Lyon dans son lustre, Lyon, Scipion Josserme, 1856.

Clerjon et Morin, Histoire de Lyon.

Charléty, Histoire de Lyon.

Collombet, (Zenon), Revue du Lyonnais, t. XVII, 1re série, et Études sur les historiens du Lyonnais, Lyon, Boitel, in-8, 1841.

Correspondance entre Boileau Despréaux et Brossette, in-8, Paris, chez Techener, 1858.

Charléty, Bibliographie critique de l'histoire de Lyon depuis les origines jusqu'en 1789 (Annales de l'Université de Lyon, nouvelle série, t. II, n° 9).

COLONIA, Histoire littéraire de Lyon, Lyon, 1728.

DACIER (Etienne), Histoire du grand Hôtel-Dieu, t. II.

DECHAMBRE, Dictionnaire encyclopédique.

DELANDINE, Manuscrits de la bibliothèque de Lyon.

DUCATIANA, I, p. 51.

DRIVON, Lyon médical.

GROZELIER, Lyon en 1630 (th. Lyon, 1904).

GRŒSSE, Trésor des livres rares et curieux, t. VI.

HŒFER, Nouvelle bibliographie générale, Paris, 1877.

Inventaire des marques d'imprimeurs et de libraires, deuxième fascicule. Ville de Lyon, Paris, in-4, 1887.

LAROUSSE, Dictionnaire.

MONTFALCON, Histoire de la ville de Lyon, t. II, 1843.

Manuel du libraire, t. V.

MORERI, Grand Dictionnaire historique.

NIVELET, Molière et Guy Patin. Cet ouvrage contient un chapitre sur les relations de Guy Patin avec Spon.

PERNETTI (Abbé), Les Lyonnais dignes de mémoire, t. II.

PONCET (Dr Ernest), Documents pour servir à l'histoire de Lyon.

PÉTREQUIN, Histoire médico-chirurgicale du grand Hôtel-Dieu.

PERICAUD, Variétés bibliographiques, Lyon.

— Catalogue des Lyonnais dignes de mémoire.

QUÉRARD, France littéraire.

Revue rétrospective, p. 474, 1837.

Revue du Lyonnais, t. XVII, 1re série.

RONDOT (Natalis), Les protestants à Lyon, Lyon, Mougin-Rusand, 1892.

Tablettes chronologiques du département du Rhône, année 1685.

VANEL (Abbé), Histoire du couvent des Minimes de Lyon, Lyon, Briday, in-8, 1879.

TABLE DES MATIÈRES

Lyon. — Imp. A. REY et Cie, 4, rue Gentil. — 38443

www.ingramcontent.com/pod-product-compliance
Lightning Source LLC
LaVergne TN
LVHW021719230826
846091LV00003BA/1131